Loïc Dubois

Protection de vidéo comprimée avec chiffrement sélectif réduit

Loïc Dubois

Protection de vidéo comprimée avec chiffrement sélectif réduit

Presses Académiques Francophones

Impressum / Mentions légales
Bibliografische Information der Deutschen Nationalbibliothek: Die Deutsche Nationalbibliothek verzeichnet diese Publikation in der Deutschen Nationalbibliografie; detaillierte bibliografische Daten sind im Internet über http://dnb.d-nb.de abrufbar.
Alle in diesem Buch genannten Marken und Produktnamen unterliegen warenzeichen-, marken- oder patentrechtlichem Schutz bzw. sind Warenzeichen oder eingetragene Warenzeichen der jeweiligen Inhaber. Die Wiedergabe von Marken, Produktnamen, Gebrauchsnamen, Handelsnamen, Warenbezeichnungen u.s.w. in diesem Werk berechtigt auch ohne besondere Kennzeichnung nicht zu der Annahme, dass solche Namen im Sinne der Warenzeichen- und Markenschutzgesetzgebung als frei zu betrachten wären und daher von jedermann benutzt werden dürften.

Information bibliographique publiée par la Deutsche Nationalbibliothek: La Deutsche Nationalbibliothek inscrit cette publication à la Deutsche Nationalbibliografie; des données bibliographiques détaillées sont disponibles sur internet à l'adresse http://dnb.d-nb.de.
Toutes marques et noms de produits mentionnés dans ce livre demeurent sous la protection des marques, des marques déposées et des brevets, et sont des marques ou des marques déposées de leurs détenteurs respectifs. L'utilisation des marques, noms de produits, noms communs, noms commerciaux, descriptions de produits, etc, même sans qu'ils soient mentionnés de façon particulière dans ce livre ne signifie en aucune façon que ces noms peuvent être utilisés sans restriction à l'égard de la législation pour la protection des marques et des marques déposées et pourraient donc être utilisés par quiconque.

Coverbild / Photo de couverture: www.ingimage.com

Verlag / Editeur:
Presses Académiques Francophones
ist ein Imprint der / est une marque déposée de
OmniScriptum GmbH & Co. KG
Heinrich-Böcking-Str. 6-8, 66121 Saarbrücken, Deutschland / Allemagne
Email: info@presses-academiques.com

Herstellung: siehe letzte Seite /
Impression: voir la dernière page
ISBN: 978-3-8416-2818-3

Copyright / Droit d'auteur © 2013 OmniScriptum GmbH & Co. KG
Alle Rechte vorbehalten. / Tous droits réservés. Saarbrücken 2013

ACADÉMIE DE MONTPELLIER
UNIVERSITÉ MONTPELLIER II
Sciences et Techniques du Languedoc

THÈSE

présentée au Laboratoire d'Informatique de Robotique
et de Microélectronique de Montpellier pour
obtenir le diplôme de doctorat

Spécialité : **Informatique**
Formation Doctorale : **Informatique**
École Doctorale : **Information, Structures, Systèmes**

Protection de vidéo comprimée par chiffrement sélectif réduit

par

Loïc DUBOIS

Version du 15 novembre 2013

Directeur de thèse
M. William PUECH, Professeur .... LIRMM, Montpellier,
Co-Directeur de thèse
M. Jacques BLANC-TALON, Docteur .... DGA, Bagneux
Rapporteurs
M. Jean-Marc CHASSERY, Directeur de recherche CNRS .... GIPSA-lab, Grenoble
M. Frédéric DUFAUX, Directeur de recherche CNRS .... LTCI, Paris
Examinateurs
M. Vincent CHARVILLAT, Professeur .... IRIT, Toulouse

Table des matières

Table des matières i

Introduction 1
    Problèmes 1
    Contributions 2
        Propagation et diminution du chiffrement sélectif 2
        Chiffrement sélectif et mesures de qualité temporelles 2
    Plan du manuscrit 3

I État de l'art   5

1 Les compresseurs d'images et de vidéos   **7**
    1.1 Introduction 7
    1.2 Compression d'images fixes 9
        1.2.1   Le codeur JPEG (Joint Photographic Expert Group) 10
        1.2.2   Le codeur JPEG2000 15
    1.3 Compression de vidéos 18
        1.3.1   Caractéristiques 18
        1.3.2   Le codeur H.264/AVC 20
        1.3.3   H.265/HEVC 27
    1.4 Conclusion 30

2 Le chiffrement sélectif d'images de vidéos   **33**
    2.1 Introduction 33

2.2 Principe de la cryptographie 34
  2.2.1 Objectifs 34
  2.2.2 Conception 35
2.3 Algorithmes de chiffrement 37
  2.3.1 Chiffrement symétrique 37
  2.3.2 Chiffrement asymétrique 38
  2.3.3 Le chiffrement AES 39
2.4 Applications du chiffrement sélectif aux compresseurs d'images et de vidéos 43
  2.4.1 Chiffrement sélectif dans le domaine spatial 43
  2.4.2 Chiffrement sélectif du standard JPEG 44
  2.4.3 Chiffrement sélectif du standard JPEG2000 45
  2.4.4 Chiffrement sélectif du standard H.264/AVC 47
  2.4.5 Chiffrement sélectif du standard H.265/HEVC 53
2.5 Conclusion 54

3 Evaluation de la qualité des images et des vidéos 55
3.1 Introduction 55
3.2 Le système visuel humain et la colorimétrie 56
  3.2.1 L'oeil 56
  3.2.2 Le visible 59
3.3 Mesures de qualité 66
  3.3.1 Le Ratio Pic Signal à Bruit (PSNR) 66
  3.3.2 Ratio Pic Signal à Bruit Pondéré (wPSNR) 67
  3.3.3 Ratio Signal à Bruit Pondéré (WSNR) 67
  3.3.4 Index Universel de Qualité d'Image (UIQI) 68
  3.3.5 Similarité Moyenne d'Angle (C4) 68
  3.3.6 Décomposition en Valeurs Singulières (SVD) 69
  3.3.7 Similarité Structurelle (SSIM) 69
3.4 Le scintillement 71
  3.4.1 Définition 71
  3.4.2 Analyse pour la confidentialité 72
3.5 Conclusion 74

II Contributions 77

4 Analyse de la réduction du ratio de chiffrement sélectif 79
4.1 Introduction 79
4.2 Propagation spatiale du chiffrement 80
  4.2.1 Principe 80
  4.2.2 Résultats expérimentaux 83

	4.3	Association du chiffrement sélectif avec des métriques de qualité 91
		4.3.1 Méthode 91
		4.3.2 Résultats expérimentaux 93
		4.3.3 Méthode de décodage 99
	4.4	Chiffrement de trames *inter* 99
		4.4.1 Principe 99
		4.4.2 Mesure de scintillement basée sur l'erreur quadratique moyenne . . 102
		4.4.3 Résultats expérimentaux 104
	4.5	Conclusion 109

5 Méthodes de chiffrement liées à des mesures de confidentialité temporelles   111

    5.1 Introduction 111
    5.2 TSSIM 112
    5.3 Chiffrement réduit avec TSSIM et SSIM 114
        5.3.1 Principe 114
        5.3.2 Résultats expérimentaux 117
    5.4 Analyse des mesures de confidentialité 131
        5.4.1 Introduction 131
        5.4.2 Score moyen d'opinion 131
        5.4.3 Campagne d'évaluation 133
        5.4.4 Analyse des résultats 135
        5.4.5 Perspectives 135
    5.5 Conclusion 136

Conclusions et perspectives   **139**

    Conclusions 139
    Perspectives 141
        Analyse du chiffrement sélectif par coefficient 141
        Chiffrement sélectif de H.265/HEVC 141
        Developpement d'une mesure de confidentialité 142

Bibliographie   **143**

Introduction

Ce chapitre d'introduction présente le domaine de recherche des travaux proposés dans ce manuscrit. Tout d'abord, nous discutons des problématiques auxquelles répond le manuscrit. Ensuite, nous proposons un aperçu des contributions répondant aux problématiques amenées. Enfin, nous décrivons le plan de ce manuscrit de thèse.

Problèmes

Le traitement des images et des vidéos est un domaine de recherche porteur depuis les trois dernières décennies. Il a permis le développement de nombreuses technologies qui ont propulsé la télécommunication visuelle comme principale source d'information et de distraction, mais aussi comme outil de travail précieux sur des secteurs économiques, de santé, d'éducation et de sécurité. Tout cela a été rendu possible grâce à de nouvelles techniques telles que la TV-3D, l'imagerie médicale, la télésurveillance, ou la vision par ordinateur. La transmission et le stockage de ces données numériques sont devenus des points cruciaux car le nombre de ces données professionnelles ou privées croit exponentiellement. Pour répondre à ce besoin, il est nécessaire d'améliorer et de créer de nouvelles techniques de compression, d'architecture, de transmission et de stockage qui réduisent les débits et minimisent les temps de calcul. De plus, il est également nécessaire de pouvoir adapter les médias au besoin des utilisateurs, par exemple une vidéo visionnée sur une télévision doit être affichée en haute définition alors qu'une vidéo visionnée sur un smart-phone devra d'abord pouvoir être lue en temps réel à partir d'un faible débit.

Cette croissance de contenus numériques met à jour de nouveaux problèmes. En effet, ces nombreuses données confidentielles ou privées subissent par conséquent le risque d'être utilisées à des fins frauduleuses, comme la copie illégale, la destruction des données, l'usurpation d'identité et la récolte illégale de fonds. Il est donc nécessaire de développer des techniques de protection afin d'assurer la confidentialité du contenu. Cela peut être une confidentialité numérique qui protège les données du flux binaire, ou dans le cas des images et des vidéos cela peut être une confidentialité visuelle : qui représente la capacité d'une image ou d'une vidéo à ne pas être lue clairement.

La transmission, la compression et la protection des images et des vidéos amènent un nouveau problème : la qualité visuelle des médias. Afin de pouvoir analyser et comparer les nouvelles améliorations ou créations des codeurs d'images et de vidéos, et des algorithmes de protection, il est nécessaire de pouvoir évaluer les données traitées. Les mesures de qualité permettent d'évaluer objectivement la qualité d'une vidéo, en opposition à une évaluation subjective qui est effectuée par des utilisateurs humains. Par conséquent, l'objectif de ces mesures est d'être corrélé avec des résultats de tests subjectifs.

Contributions

Dans nos travaux, nous présentons plusieurs méthodes de chiffrement sélectif réduit, basées sur la méthode SE-CAVLC [Shahid et al., 2010] en mode CALVC du standard H.264/AVC. Tout d'abord, nous proposons plusieurs méthodes pour réduire le ratio de chiffrement de vidéos. Ensuite, nous proposons de combiner un chiffrement sélectif réduit avec des mesures de qualité pour réguler le chiffrement en fonction de la confidentialité visuelle.

Propagation et diminution du chiffrement sélectif

Dans la première partie de nos travaux, nous présentons des analyses de méthodes permettant de réduire le ratio de chiffrement en s'appuyant sur l'architecture du codec H.264/AVC. La première méthode analysée est basée sur la propagation spatiale du chiffrement sélectif de macro-bloc en macro-bloc grâce à l'erreur de prédiction de H.264/AVC. Cette méthode est appliquée sur les trames *intra*. La seconde méthode analysée, basée sur la précédente, étudie la propagation du chiffrement via l'erreur de prédiction, de manière temporelle dans les trames *inter* d'un groupe d'images. Cette technique est appuyée par une méthode de réduction du nombre de coefficients transformés chiffrés par macro-bloc. La confidentialité visuelle des protections proposées est analysée grâce à des mesures de qualité objectives, et la notion de scintillement, due au chiffrement, est abordée afin d'analyser la qualité des vidéos dans le temps.

Chiffrement sélectif et mesures de qualité temporelles

La seconde partie de nos travaux propose de combiner intelligemment le chiffrement sélectif et les mesures de qualité. L'objectif de ces approches consiste à réduire le ratio de chiffrement au minimum nécessaire pour assurer la confidentialité visuelle. La technique est basée sur un contrôle du nombre de coefficients chiffrés par macro-bloc pour chaque groupe d'images. Entre chacun d'eux, la qualité visuelle est analysée puis le groupe d'images suivant est chiffré en fonction des résultats. Pour compléter les mesures de qualité de la littérature, nous proposons une mesure du scintillement basée sur le SSIM [Wang et al., 2004], que nous avons nommée : le TSSIM. Enfin, nous proposons des méthodes pour développer des mesures de qualité spécifiques au problème de confidentialité visuelle des vidéos, car la majorité des mesures de la littérature est conçue pour les images et pour la haute qualité.

Plan du manuscrit

Ce manuscrit est structuré en deux parties. La première partie décrit l'état de l'art des domaines scientifiques dans lesquels sont inscrits les travaux de thèse. Cet état de l'art se décompose en trois chapitres. Le chapitre 1 propose une description des différentes méthodes de compression d'images et de vidéos, et en particulier le standard H.264/AVC sur lesquels les principaux travaux de thèse ont été menés. Puis, le chapitre 2 présente les différentes techniques de chiffrement et principalement de chiffrement sélectif. Ensuite, le chapitre 3 décrit les mesures de qualité qui sont des outils mathématiques permettant d'évaluer la qualité et la confidentialité d'une vidéo (ou d'une image) chiffrée. La seconde partie de ce manuscrit est divisée en deux chapitres qui décrivent les contributions apportées par la thèse. Le chapitre 4 décrit les techniques de propagation spatiale et temporelle du chiffrement sélectif. De plus, trois méthodes de chiffrement réduit sont proposées et analysées en se basant sur ces techniques. Le chapitre 5 détaille les mesures de scintillement développées pour mesurer la confidentialité des vidéos chiffrées dans le temps. De plus, une méthode de chiffrement sélectif intelligent qui se base sur des mesures de qualité, est proposée dans ce chapitre. Enfin, nous discuterons du développement des mesures de confidentialité qui permettent de mesurer objectivement la confidentialité visuelle des vidéos traitées. Nous terminons le manuscrit en concluant sur l'efficacité des méthodes de chiffrement sélectif et des mesures de scintillement proposées dans les contributions. Pour finir, nous établissons une liste de perspectives qui permettrait d'étendre les travaux de thèse présentés dans ce manuscrit.

Première partie

État de l'art

CHAPITRE

1

Les compresseurs d'images et de vidéos

Ce chapitre présente les codeurs standards d'images et de vidéos, et en particulier le codeur H.264/AVC qui a été le support de nos travaux de recherche. La section 1.1 introduit les principes généraux de la compression de données visuelles. La section 1.2 détaille la compression d'images avec les normes JPEG et JPEG2000. La section 1.3 décrit les codeurs vidéos avec les normes H.264/AVC et H.265/HEVC. Pour finir, des perspectives d'amélioration sont développées en section 1.4.

1.1 Introduction

Afin de répondre au besoin croissant de partager des données visuelles grâce au développement important des appareils de capture numérique tels que les caméscopes, les appareils photo, les smart-phones ou les webcams, de nombreuses équipes de recherche et de développement, autant académiques qu'industrielles, ont développé des systèmes de compression d'images et de vidéos de plus en plus en plus performants [Sullivan et Wiegand, 1998; Nelson et Gailly, 1995].

L'étude des normes de compression et leurs évolutions est un point essentiel pour comprendre les travaux de ce manuscrit. Le chiffrement sélectif s'applique sur des parties précises d'une vidéo compressée, ainsi une recherche approfondie des zones clés de la compression permet de créer des algorithmes de chiffrement sélectif qui minimisent la quantité de données chiffrées. De plus, le chiffrement sélectif peut être appliquer tout en préservant la syntaxe du codeur, et en permettant d'assurer une confidentialité visuelle nécessaire pour la donnée protégée.

La figure 1.1 présente le schéma général de compression classique. Il présente une décorrélation de l'information via une transformation des données spatiales en données fréquentielles, puis une quantification des données transformées qui est souvent une étape

8 CHAPITRE 1. LES COMPRESSEURS D'IMAGES ET DE VIDÉOS

de perte d'informations. Ces pertes, dues à la quantification, ont un impact minime sur la visualisation des données décodées. La quantification permet d'augmenter très efficacement le taux de compression. Ensuite, les informations quantifiées sont transmises à un codeur entropique permettant également de réduire la quantité d'informations nécessaires pour transporter et archiver des données compressées.

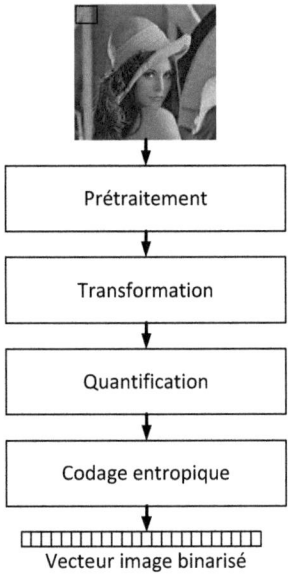

FIGURE 1.1 : Schéma général d'un système de compression commun aux méthodes de compression d'images et de vidéos.

Afin d'évaluer les algorithmes de compression en termes de débit et de qualité, des images et des vidéos de références permettent d'avoir un indice commun. Par exemple, les images de *Lena* présentées figure 1.2 et de *Foreman* présentées figure 1.3 sont respectivement une image et une vidéo classiques pour les expérimentations scientifiques en traitement des images et des vidéos.

1.2. COMPRESSION D'IMAGES FIXES

FIGURE 1.2 : Image de *Lena* avec une résolution de 256×256 pixels en niveaux de gris (un canal de 8 bits). Cette image est une excellente référence car elle contient de nombreuses caractéristiques différentes : des zones planes, des zone texturées, des dégradés, des contours saillants, et des régions d'intérêt.

FIGURE 1.3 : Séquence d'images de la vidéo *Foreman* avec une résolution de 352×288 pixels en couleurs (trois canaux couleurs de 8 bits). Cette séquence vidéo est une excellente référence car en plus de posséder des caractéristiques différentes, comme l'image *Lena* illustrée figure 1.2, elle possède deux scènes bien distinctes au cours de la vidéo : un plan fixe avec un visage puis un plan en mouvement avec des zones urbaines.

1.2 Compression d'images fixes

Cette section détaille deux standards de compression des images fixes. Le standard JPEG est d'abord présenté en section 1.2.1, puis, nous décrivons le standard de compression JPEG2000 en section 1.2.2.

1.2.1 Le codeur JPEG (Joint Photographic Expert Group)

Le standard JPEG [ITU, 1992] est la norme de compression des images la plus utilisée [Pennebaker et Mitchell, 1993]. Ce standard a été développé par le Joint Photographic Experts Group, qui est un comité d'experts éditant des normes de compression pour les images. La principale caractéristique du standard JPEG est qu'il peut être facilement mis en œuvre sous forme matérielle ou logicielle. L'algorithme de compression JPEG suit le schéma de compression présenté figure 1.1. Dans un premier temps, nous discutons de la description technique de l'algorithme et ensuite nous décrivons les effets visuels de cette compression.

Le schéma de compression de l'algorithme de compression JPEG est présenté figure 1.4. Tout d'abord, il est possible d'appliquer une transformation d'espace couleur (principalement RBG) en un autre espace de couleurs en fonction du besoin de l'utilisateur, par exemple, YCrCb. Nous discuterons en détail des espaces de couleurs dans le chapitre 4. Pour chaque canal de couleurs, le standard JPEG décompose l'image en blocs de 8 × 8 pixels. Si l'image ne possède pas une résolution multiple de 8 pixels, le codeur rajoute des zéros.

Ces blocs sont ensuite transformés du domaine spatial au domaine fréquentiel via une transformée en cosinus discrète (DCT), comme présentée dans l'équation (1.1). Pour la transformée inverse c'est la transformée en cosinus discrète inverse (IDCT) présentée dans l'équation (1.2) qui est utilisée.

$$F(u,v) = \frac{1}{\sqrt{2}} C(u)C(v) \sum_{i=0}^{N-1}\sum_{j=0}^{N-1} p(i,j) \cos(\frac{\pi(2i+1)u}{2N})\cos(\frac{\pi(2j+1)v}{2N}), \quad (1.1)$$

$$p(i,j) = \frac{1}{\sqrt{2} \times N} \sum_{i=0}^{N-1}\sum_{j=0}^{N-1} C(u)C(v) F(u,v) \cos(\frac{\pi(2i+1)u}{2N})\cos(\frac{\pi(2j+1)v}{2N}), \quad (1.2)$$

avec $C(x) = \frac{1}{\sqrt{2}}$ si $x = 0$ et $C(x) = 1$ sinon. $p(i,j)$ le pixel de l'image originale aux coordonnées i, et j, $F(u,v)$ représente le coefficient transformé avec u et v en coordonnées, et N la résolution totale.

Le but de ce processus de transformation est de décorréler les pixels de chaque bloc, et ainsi transmettre le plus d'informations possible dans un minimum de coefficients transformés. Ensuite, chaque coefficient DCT est quantifié. Cela signifie que chaque coefficient est divisé et arrondi à l'entier le plus proche par rapport à une table de quantification standard en fonction de la qualité de compression souhaitée. La table de quantification standard $Q(u,v)$ pour un facteur de qualité $QF = 50$ est présentée figure 1.5. Cette table varie suivant la formule suivante : si $F < 50$ alors $Q'(u,v) = \frac{Q(u,v) \times 5000}{F+50} \times \frac{1}{100}$ sinon $Q'(u,v) = \frac{Q(u,v) \times (200-2\times F)+50}{F+50} \times \frac{1}{100}$. La matrice de coefficients DCT $F(u,v)$ devient donc le

1.2. COMPRESSION D'IMAGES FIXES

bloc de coefficients DCT quantifiés $F'(u,v)$ tel que $F'(u,v) = [\frac{F(u,v)}{Q(u,v)}]$. Les coefficients de la DCT ainsi quantifiés sont alors réorganisés dans un vecteur grâce à une lecture en zigzag, comme présenté figure 1.6. De cette manière, les coefficients de la DCT sont ordonnés des basses fréquences aux hautes fréquences.

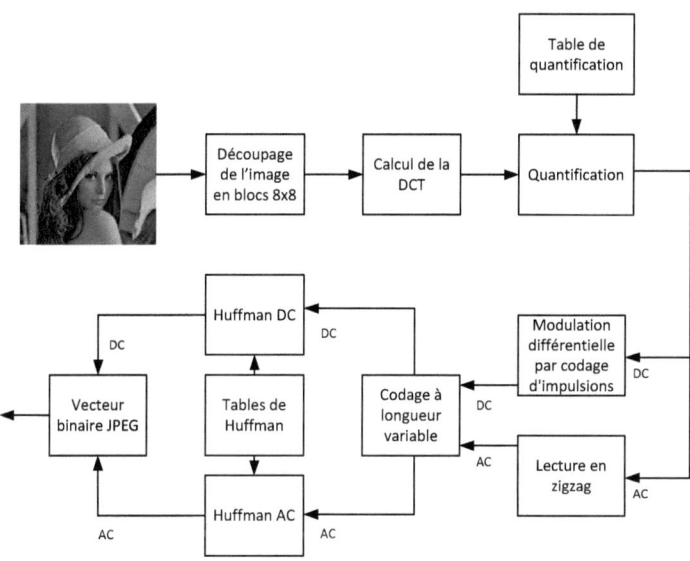

FIGURE 1.4 : **Schéma généralisé de la compression JPEG.** La compression JPEG effectue les quatre étapes classiques illustrées figure 1.1. Notons la séparation distincte entre le codage des coefficients DC et le codage des coefficients AC.

CHAPITRE 1. LES COMPRESSEURS D'IMAGES ET DE VIDÉOS

16	11	10	16	24	40	51	61
12	12	14	19	26	58	60	55
14	13	16	24	40	57	69	56
14	17	22	29	51	87	80	62
18	22	37	56	68	109	103	77
24	35	55	64	81	104	113	92
49	64	78	87	103	121	120	101
72	92	95	98	112	100	103	99

FIGURE 1.5 : Matrice $Q(u,v)$ de quantification JPEG pour un facteur de qualité $QF = 50$. Cette matrice sert de base pour la compression avec d'autres facteurs de qualité.

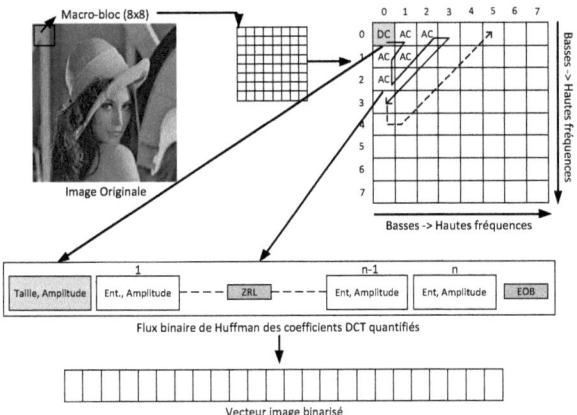

FIGURE 1.6 : Lecture en zigzag du bloc de coefficients DCT quantifiés en vue du codage entropique. La lecture en zigzag permet d'améliorer les performances de compression du codage à longueur variable.

1.2. COMPRESSION D'IMAGES FIXES

A présent, la matrice de coefficients DCT quantifiés va subir un codage entropique afin de diminuer encore la quantité d'information de l'image finale compressée. Le codage entropique utilisé pour le standard JPEG est le codage de Huffman où les coefficients DC et AC sont traités séparément et différemment. En effet, un codage supplémentaire est appliqué aux coefficients DC du fait de leur possible prédiction. Le code de Huffman va associer à chaque valeur quantifiée un entête et une amplitude. L'entête contient les données de contrôle fournies par la table de Huffman, il est différent suivant si le coefficient est DC ou AC. L'amplitude est un entier signé, pour les coefficients AC c'est la valeur quantifiée, pour les coefficients DCT, c'est la différence entre la valeur du bloc courant et celle du bloc précédent. Dans le cas des valeurs AC, l'entête est divisé en deux parties (RunLength, taille) alors que l'entête de valeur DC n'est composé que de la taille en bits de la valeur du coefficient. Le "RunLength" représente le nombre de fois consécutifs que le coefficient AC codé est représenté. Les valeurs non-nulles sont ensuite représentées par leur "taille" qui est le nombre nécessaire de bits pour coder leurs amplitudes. Deux derniers codes sont ensuite utilisés, à savoir EOB (End-of-Block) qui représente la fin de codage d'un bloc, et ZRL (Zero Run Length) qui représente une longueur de plage de seize zéros.

La figure 1.7 représente différents exemples de compression de l'image *Lena* avec les tailles en octets ainsi que leurs PSNR et SSIM respectifs (le PSNR et le SSIM sont décrits dans le chapitre 4) en comparaison d'une image non-compressée (taille : 64ko). L'image 1.7.a est de très haute qualité et a un ratio de compression $T = 4,78$ et l'image de basse qualité illustrée en figure 1.7 a un ratio de compression $T = 17,7$. Notons que la norme JPEG permet une grande variété de compression, ce qui la rend très adaptable aux besoins de l'utilisateur.

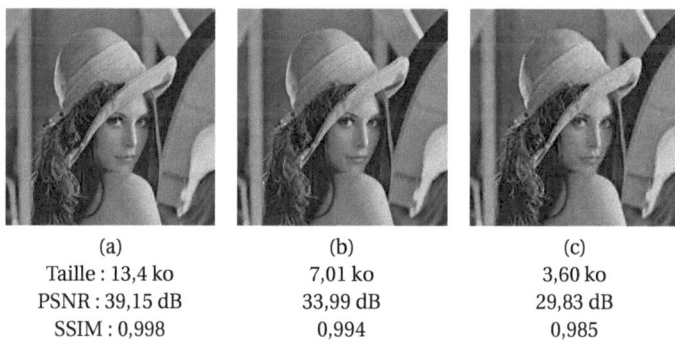

(a)	(b)	(c)
Taille : 13,4 ko	7,01 ko	3,60 ko
PSNR : 39,15 dB	33,99 dB	29,83 dB
SSIM : 0,998	0,994	0,985

FIGURE 1.7 : a) Image JPEG avec un facteur de qualité $QF = 85$, b) Image JPEG avec un facteur de qualité $QF = 50$, c) Image JPEG avec un facteur de compression $QF = 15$. Notons que l'image (c) reste très identifiable bien qu'elle soit fortement compressée ($T = 17,7$).

14   CHAPITRE 1. LES COMPRESSEURS D'IMAGES ET DE VIDÉOS

De plus, le taux de compression T qui correspond au rapport entre la taille de l'image compressée et la taille de l'image originale est très élevé par rapport aux algorithmes de compression sans perte, tel que le codeur PNG (Portable Network Graphics) dont une image est présentée en figure 1.8 avec une image non compressée au format BMP (Bitmap) où chaque pixel pour chaque canal de couleurs est codé sur une longueur fixe de bits (généralement 8 bits).

Notons néanmoins un défaut de l'algorithme JPEG : l'effet de blocs. Cet effet apparait dans le cas de fortes compressions comme présenté figure 1.9. Ces blocs sont dûs à la division par bloc de 8×8 pixels suivie d'une forte quantification. Ces effets de blocs dégradent trop fortement l'image en comparaison à d'autres algorithmes de compression comme JPEG2000 par exemple.

(a) (b)
Taille : 38,8 ko   13,4 ko

FIGURE 1.8 : a) Image compressée au format PNG avec un taux de compression $T = 1,64$, b) Image JPEG avec un facteur de compression $QF = 85$, et un taux de compression $T = 4,77$. Notons que l'image JPEG a un PSNR de $39,15\,dB$ ce qui en fait une image d'excellente qualité comparable à l'image PNG qui n'est pas compressée, et cela avec un taux de compression quatre fois plus important.

1.2. COMPRESSION D'IMAGES FIXES

FIGURE 1.9 : Image JPEG avec un facteur de qualité QF = 10, le taux de compression est T = 22,14. Notons qu'à ce niveau de compression, les effets de blocs apparaissent fortement, ils ont une spécificité des défauts de compression JPEG.

1.2.2 Le codeur JPEG2000

JPEG2000 [Taubman et Marcellin, 2002] est une norme de compression développée par le Joint Photographic Experts Group (JPEG) en 2000. Elle est basée sur une transformation en ondelettes discrètes avec un schéma de compression standard tel que présenté dans la section 1.1. Le codeur JPEG2000 offre plusieurs fonctionnalités importantes telles que la transmission progressive en fonction de la résolution ou de la qualité, une meilleure résistance aux erreurs, et la possibilité de codage par régions d'intérêts (ROI). Elle présente aussi dans sa partie 3 une norme pour la vidéo : Motion JPEG2000 [ISO/IEC 15444-3. Information technology, 2001] utilisée pour le cinéma numérique. Après avoir présenté un descriptif technique du codeur JPEG2000, nous proposons un aperçu visuel d'images codées par l'algorithme JPEG ainsi qu'une explication de ces résultats visuels.

Le principe du codage JPEG2000 est illustré figure 1.10. Tout d'abord, l'image originale subit des opérations de pré-traitement : un changement de niveau de représentation de [0 255] à [−128 127], puis une transformation de couleur optionnelle d'un espace de couleur RVB (rouge, vert, bleu) à l'espace de couleur YUV (une luminance, deux chrominances) suivant l'algorithme (3.1) décrit en section 3.2 des transformations de couleurs.

L'image est divisée en blocs rectangulaires de tailles égales, ne se chevauchant pas, appelés tuiles. Chaque tuile est comprimée de manière indépendante en utilisant son propre ensemble de paramètres de compression spécifié. La tuile traitée est décomposée par une transformée en ondelettes discrètes (DWT) en une collection de $3 \times N_L + 1$ sous-bandes, N_L est le niveau de décomposition souhaité par l'utilisateur ($N_L \max = 32$).

16 CHAPITRE 1. LES COMPRESSEURS D'IMAGES ET DE VIDÉOS

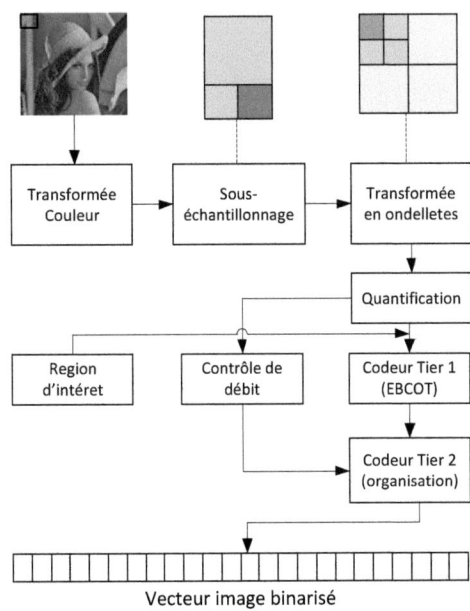

FIGURE 1.10 : Schéma général de la compression JPEG2000. Notons que la compression JPEG2000 présente les quatre étapes de compression classiques illustrées figure 1.1.

Les coefficients d'ondelettes sont ensuite quantifiés par un quantificateur scalaire à zone-morte qui permet de quantifier l'ensemble des petites valeurs à une même valeur (généralement zéro). A noter qu'il est possible de configurer JPEG2000 pour avoir une compression sans perte. Les coefficients d'ondelettes quantifiés dans chaque sous-bande sont divisés en petits blocs rectangulaires qui sont appelés *code-blocs* et qui sont généralement de taille 32×32 ou 64×64. Chaque *code-bloc* est codé indépendamment durant la première étape d'encodage en utilisant un codeur plan binaire appelé EBCOT (en anglais, *Embedded Block Coding with Optimal Truncation*). Ainsi, chaque *code-bloc* a un flux binaire indépendant. Un algorithme de débit-distorsion fournit ensuite des points possibles de troncature des flux binaires pour minimiser de façon optimale la distorsion selon le débit ciblé. Les données codées sont ensuite organisées, et le flux binaire JPEG2000 est enfin formé. Le

1.2. COMPRESSION D'IMAGES FIXES

décodage du flux binaire réalise les opérations inverses de la compression afin d'afficher l'image décompressée.

Le codeur JPEG2000 présente généralement de meilleurs résultats visuels, à taux de compression égaux, que JPEG en termes de qualité et de taux de compression. Il a d'ailleurs été développé pour répondre à ce besoin croissant d'améliorer les algorithmes de compression d'images. La figure 1.11 présente différents niveaux de compression de l'algorithme JPEG2000 avec des résultats en termes de qualité et de taille binaire. L'effet de bloc est aussi présent dans la compression JPEG2000. Néanmoins, la transformée en ondelettes et la taille des macro-blocs font que l'apparition de ce phénomène est moins marquée en cas de forte compression que pour une compression JPEG. La figure 1.12 présente ce phénomène de bloc de la compression JPEG2000.

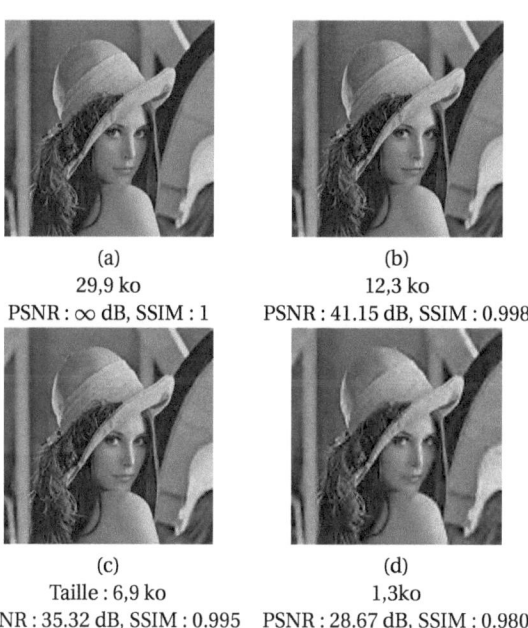

(a) 29,9 ko
PSNR : ∞ dB, SSIM : 1

(b) 12,3 ko
PSNR : 41.15 dB, SSIM : 0.998

(c) Taille : 6,9 ko
PSNR : 35.32 dB, SSIM : 0.995

(d) 1,3 ko
PSNR : 28.67 dB, SSIM : 0.980

FIGURE 1.11 : a) Image originale avec une résolution de 256×256 pixels, b) Image JPEG2000 avec une faible compression, c) Image JPEG2000 avec une compression moyenne, d) Image JPEG2000 avec une forte compression. Notons que l'image (d) reste très identifiable malgré un fort taux de compression (T = 49,23).

FIGURE 1.12 : Image JPEG2000 avec un facteur de qualité faible où l'effet de bloc est visible. Cependant, en comparaison aux effets de blocs de la norme JPEG, illustrés figure 1.9, les images sont moins affectées par les effets de bloc et ces derniers apparaissent à des taux de compression plus élevés, ici T = 49, 23.

1.3 Compression de vidéos

Cette section présente les caractéristiques des standards de compression vidéo en section 1.3.1. Puis, nous présentons le standard H.264/AVC en section 1.3.2 qui est le format vidéo le plus utilisé à l'heure actuelle. Nous terminons par un codeur émergent, à savoir le codeur H.265/HEVC en section 1.3.3 qui est en voie de devenir le nouveau grand standard de la décennie à venir.

1.3.1 Caractéristiques

Les vidéos sont omniprésentes de nos jours, et leur visualisation est devenue un acte quotidien. Cependant, il est nécessaire de standardiser le format de ces vidéos afin qu'elles puissent être visionnées correctement en fonction du support de visualisation et des capacités de transmission du réseau permettant le transport de cette information visuelle et auditive. Dans cette section nous discutons brièvement des caractéristiques standards des vidéos. Ensuite, nous présentons les différents formats de visualisation. Enfin, nous décrivons les différents débits disponibles suivant les supports.

L'étude des formats de compression de vidéos est au cœur de la problématique de ces travaux de thèse. En effet, le développement de chiffrements sélectifs intégrés dans les compresseurs vidéos nécessite une bonne compréhension de ces derniers. Cela permet d'optimiser les méthodes de crypto-compression afin qu'elles puissent être utilisées en temps-réel.

1.3. COMPRESSION DE VIDÉOS

SQCIF	QCIF	CIF	4CIF	9CIF	16CIF
128 × 96	176 × 144	352 × 288	704 × 576	1056 × 864	1408 × 1152

TABLE 1.1 : Taille du format CIF et ses dérivés en pixels. Ce grand nombre de résolutions différentes permet au format CIF d'être utilisé sur beaucoup de supports visuels.

HD 16/9	Widescreen 16/10	Standard 4/3	TV 3/2
HD 720p 1280 × 720	1680 × 1050	1024 × 768	DVD 720 × 480
HD 1080i 1920 × 1080	1920 × 1200	1600 × 1200	TV 1152 × 768

TABLE 1.2 : Formats HD courants des vidéos en pixels. Cette grande diversité de formats nécessite que les codeurs vidéos soient très flexibles.

Format

Il existe un grand nombre de formats vidéos standardisés. En premier lieu, suivant le besoin de la vidéo, le format d'image (proportion largeur/hauteur) permet d'être spécifique à différents supports. Les principaux sont : les formats 4 : 3 ou 3 : 2 pour la télévision et les écrans standards, les formats 2,35 : 1 et 1,85 : 1 pour le cinéma, le format 16 : 9 qui permet de reproduire le format large du cinéma pour la télévision, et le format 16 : 10 pour les écrans larges (widescreen). Ces proportions sont conservées par la résolution des vidéos pour qu'elles soient adaptées au support. Quand une résolution n'est pas adaptée au support, des bandes noires horizontales (ou verticales suivant l'adaptation) sont généralement affichées. Le support peut également sous-échantillonner ou interpoler en largeur et hauteur afin que l'image s'ajuste exactement aux dimensions du support visuel. Pour la télévision le format courant est de 768 × 576 pixels en Europe et de 720 × 480 pixels aux États-Unis. La table 1.3.1 présente les différents formats CIF (Common Intermediate Format) qui est une définition standardisée d'image numérique définie par l'Union Internationale des Télécommunications (ITU) à partir de la résolution de 352 × 288 pixels. La table 1.3.1 décrit les formats courants en haute définition en fonction de leurs proportions.

Débit

Les échanges d'informations d'un émetteur à un récepteur s'effectuent généralement via des réseaux de transmissions qui peuvent être filaires (optiques ou électriques) ou par des ondes électromagnétiques. Ces réseaux ne peuvent transmettre qu'une quantité limitée de données par seconde en raison des propriétés physiques du support. C'est ce nombre d'informations binaires transmises par seconde que l'on appelle le débit binaire et s'exprime généralement en bit/s ou en octet/s sachant que 8 bits = 1 octet. De nos jours, les débits des réseaux de transmission sont souvent le point critique du transport

Câble	Internet
USB 1.1 - 12 Mbit/s	Modem - 56 kbit/s
FireWire - 400 Mbit/s	ADSL - 25 Mbit/s
USB 3.0 - 5 Gbit/s	DOCSIS - 160 Mbit/s
Seriel ATA 3.x - 6 Gbit/s	FTTH - 1+ Gbit/s
Sans-fil	Vidéo
EDGE- 260 kbit/s	Video-DVD - 6 Mbit/s
3G+ - 1,8 Mbit/s	SD-Video (576p) - 400 Mbit/s
Bluetooth 2.0 - 3 Mbit/s	HD-Video (720p) - 1 Gbit/s
Wifi 802.11a - 25 Mbit/s	HD-Video (1080p) - 2,4 Gbit/s

TABLE 1.3 : Supports courants de transfert d'informations avec leurs débits binaires associés. Les codeurs vidéos doivent adapter la qualité des vidéos en fonction des débits de transferts, en particulier les débits sans-fil qui sont les plus contraignants.

de l'information. C'est pour répondre à ce problème que les algorithmes de compression sont de plus en plus performants, afin de pouvoir transmettre le plus d'informations dans une place binaire minime, ou même de transmettre des vidéos ayant la meilleure qualité possible par rapport à un débit binaire fixe. Le tableau. 1.3.1 présente les débits les plus courants avec leurs supports associés.

1.3.2 Le codeur H.264/AVC

Le codeur H.264/AVC (Advanced Video Coding), aussi connu comme MPEG4 Part 10 [H.264, 2003], est un standard de compression vidéo de l'ITU-T et de l'ISO/IEC, il a été créé grâce un partenariat connu sous le nom de Joint Video Team (JVT). Le codeur H.264/AVC est actuellement le standard le plus répandu pour la compression vidéo. Son étude est une partie majeure pour mettre à profit nos contributions. En effet, c'est pour le codeur H.264/AVC que nos méthodes de protection sont proposées. Le schéma de compression est semblable au schéma général présenté en section 1.1. Nous décrivons en détails le codeur H.264/AVC, puis, nous présentons des résultats caractéristiques de ce standard de compression.

Le codeur H.264/AVC est présenté figure 1.13. Il a été développé afin de compresser plus efficacement que les précédentes normes (H.261, MPEG-1, MPEG2, MPEG-4 Part2/ASP) grâce à des nouvelles techniques de prédiction et de codage entropique [Richardson, 2003]. Le codeur H.264/AVC est toujours en amélioration afin de le rendre de plus en plus performant [Hashimoto et al., 2007; Garcia et al., 2011].

Tout d'abord, chaque trame de la vidéo est divisée en macro-bloc de taille 16×16 pixels.

1.3. COMPRESSION DE VIDÉOS

Chacun de ces macro-blocs est ensuite codé séparément afin de permettre un codage ou un décodage en temps réel.

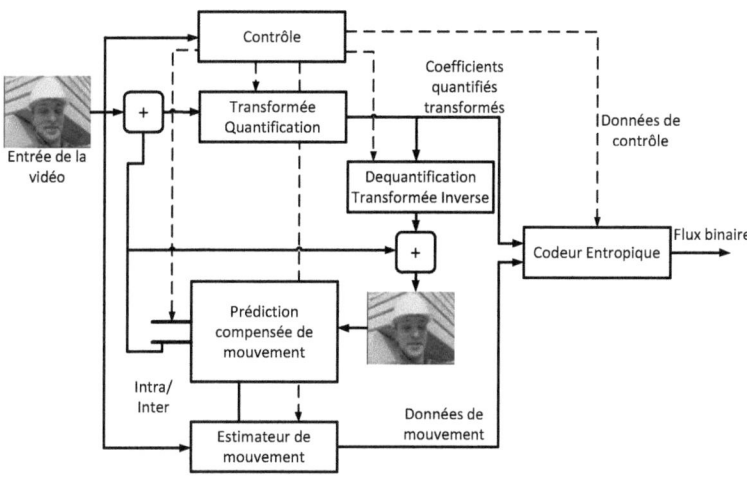

FIGURE 1.13 : Diagramme de fonctionnement du codeur H.264/AVC. Notons que le codeur H.264/AVC propose des étapes de compressions similaires au schéma classique illustré figure 1.1.

Les valeurs de chaque macro-bloc sont tout d'abord prédites à partir d'un macro-bloc codé précédemment, cela peut-être spatialement ou temporellement suivant le mode de codage : soit *intra* où chaque trame est codée séparément, soit *inter* où les trames sont divisées en GoP (groupes d'images / group of pictures) où il y a une prédiction temporelle comme présenté figure 1.14. De plus, une prédiction de mouvement de l'ordre du 1/2 pixel apporte une prédiction optimisée d'un bloc à l'autre, les tailles de bloc pour la prédiction de mouvement sont : 16×16, 16×8, 8×16, 8×8, 8×4, 4×8, 4×4. Pour les vidéos couleurs, l'espace couleur utilisé est YUV en mode $4:2:0$, $4:2:2$ ou $4:4:4$ comme détaillé dans le chapitre 4.

Il existe trois types de prédictions en mode *intra* : Intra 4×4, Intra 16×16 et I_PCM. En mode *intra* 16×16 le macro-bloc est prédit à partir des pixels voisins au dessus et à gauche de sa position et il possède quatre modes de prédiction : horizontal, vertical, DC et plan. En mode *intra* 4×4, les blocs sont aussi prédits depuis les pixels voisins au-dessus et à gauche, et il existe neuf modes de prédiction. Le mode I_PCM est utilisé pour limiter la taille maximum size du bloc codé et il est directement envoyé au codeur entropique sans passer par l'étape de quantification.

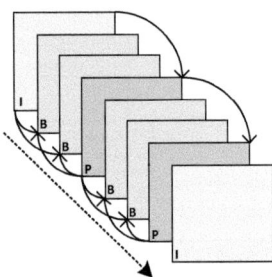

FIGURE 1.14 : Description des trames d'un groupe d'images (en anglais GOP pour *Group of Pictures*). La prédiction inter-blocs favorise l'efficacité de la compression du codeur H.264/AVC. Les trames i ne sont pas prédites temporellement et servent de référence aux trames p et i. Les prédictions des trames p sont effectuées uniquement en amont sur des trames i ou p. Les trames b sont quand à elles prédites en amont et en aval.

Ensuite, les macro-blocs sont divisés en sous-blocs 4×4 où l'information de chaque bloc est décorellée grâce à une transformée en entier 4×4 qui permet de meilleurs résultats en termes de vitesse algorithmique par rapport aux précédents standards qui utilisent une transformée en entier 8×8. Les matrices d'entiers sont ensuite quantifiées par rapport à un coefficient QP qui peut être fixé par l'utilisateur ou être calculé directement par l'algorithme pour répondre à une contrainte d'optimisation débit/distorsion basée sur une optimisation lagrangienne [Yang et Yu, 2006]. Cette quantification scalaire permet de répondre à de grandes variations de débit binaire, par exemple un grand QP permettra de coder efficacement une vidéo à bas-débit, et un faible QP permettra de coder des vidéos de très haute qualité. Par ailleurs, le codeur H.264/AVC possède un filtrage anti-blocs qui permet de réduire les artefacts dûs au type de codage avec une transformation par bloc. Ces coefficients sont ensuite ordonnés avec une lecture en zig-zag afin d'être traités par le codeur entropique comme présenté dans la figure 1.15.

1.3. COMPRESSION DE VIDÉOS   23

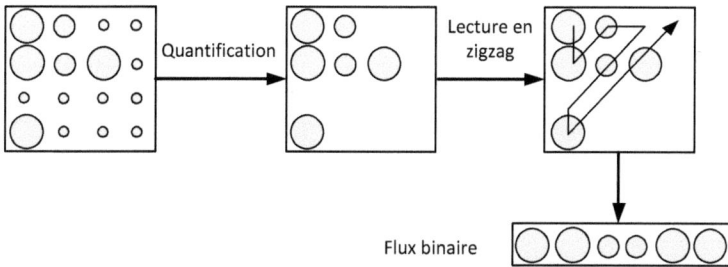

FIGURE 1.15 : Quantification et lecture en zigzag. De manière similaire à la lecture en zigzag de la compression JPEG (voir figure 1.6), cette étape améliore les performances de compression du codage à longueur variable.

Il existe deux modes de codage entropique : le premier est le mode CAVLC qui est un codage à longueur variable, le second est le mode CABAC qui présente un codage entropique.

CAVLC est un codeur entropique adaptatif basé sur le codage Huffman, son diagramme de fonctionnement est présenté figure 1.16. En premier lieu, un codage à longueur variable (VLC) est effectué et il encode les niveaux et les plages de valeurs séparément. Pour s'adapter aux caractéristiques statistiques locales des coefficients DCT, le codeur CAVLC utilise sept tables VLC fixes, illustrées 1.17, pour coder les niveaux et cinq tables VLC fixes pour les plages. Pour le codage des niveaux, le codeur CAVLC utilise deux modes : *regular* et *escape*. Si la valeur niveau se situe dans l'intervalle de la table VLC, il est codé par le mode *regular*, sinon le mode *escape* est utilisé. L'adaptabilité du codeur est introduite en changeant la table pour le prochain coefficient non-nul sur la base de l'amplitude du coefficient non-nul courant. Pour le premier coefficient non-nul de la série, le codeur utilise la table VLC0 à moins qu'il n'ait plus de dix coefficients non-nuls et moins de trois coefficients de valeur 1, auquel cas il utilise la table VLC1. Le même processus est utilisé pour le codage par plage.

CHAPITRE 1. LES COMPRESSEURS D'IMAGES ET DE VIDÉOS

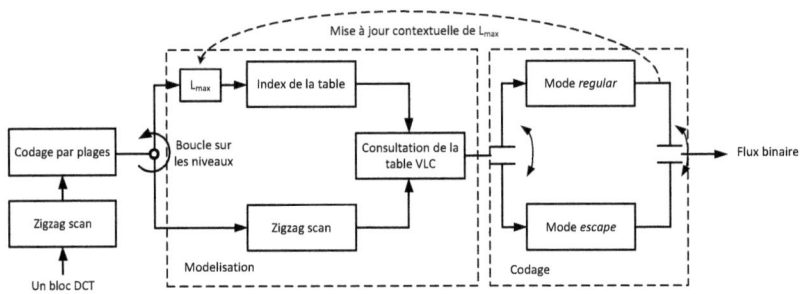

FIGURE 1.16 : Diagramme du codeur CAVLC.

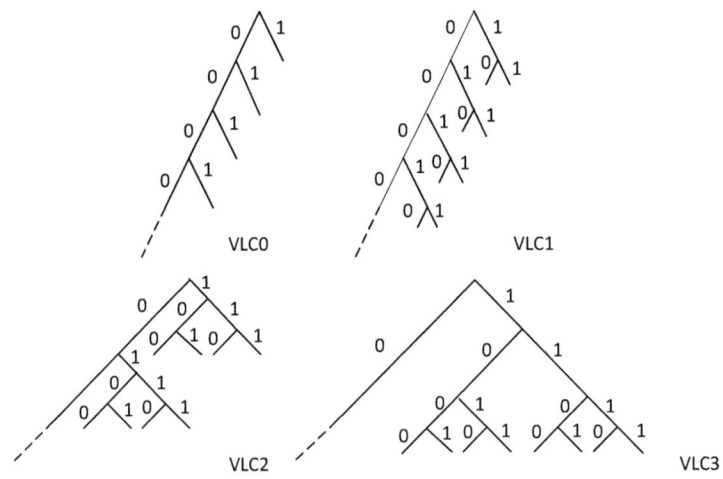

FIGURE 1.17 : Quatre des sept tables VLC du mode CAVLC. Ce grand nombre de tables VLC permet au mode CAVLC de minimiser la taille du flux binaire de la vidéo compressée.

1.3. COMPRESSION DE VIDÉOS

Le codeur arithmétique CABAC est, quand à lui, conçu pour mieux exploiter les caractéristiques des coefficients non-nuls que le codeur CAVLC. Son diagramme est décrit figure 1.18. Le codage par plage est remplacé par une carte précise des positions des coefficients non-nuls dans les blocs 4×4. Le code binaire arithmétique (BAC) du mode CABAC utilise des modèles contextuels pour coder les coefficients qui dépendent du modèle du coefficient précédemment chiffré. En premier lieu, il transforme les symboles en symboles binaires. Puis, le codeur CABAC sélectionne le modèle probabiliste le plus adapté aux symboles en fonction des leurs proches voisins pour optimiser l'estimation de la probabilité. Le codeur CABAC utilise quatre arbres de codes basiques pour l'étape de binarisation : le code unaire, le code unaire tronqué, l'ordre du code exponentiel-Golomb et la longueur fixée du code. Trois éléments de syntaxes sont binarisés par concaténation de ces codes basiques : la configuration du bloc codé, le coefficient non-nul et le vecteur de déplacement.

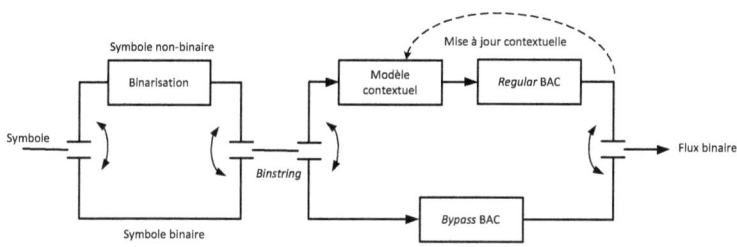

FIGURE 1.18 : Diagramme de fonctionnement du codeur CABAC.

La figure 1.19 présente différentes compressions de vidéos H.264/AVC avec leurs tailles respectives en bits ainsi que leurs PSNR et SSIM respectifs en comparaison d'une image non-compressée (taille : 149ko). L'image de la figure 1.19.a est de très haute qualité et a un ratio de compression $T = 3,46$ et l'image de basse qualité de la figure 1.19.c a un ratio de compression $T = 74,5$. Notons la force de la norme H.264/AVC qui grâce à sa polyvalence permet de permettre à l'utilisateur de créer une vidéo compressée en suivant précisément son cahier des charges, de la haute qualité de vidéo à la basse de qualité pour des faibles débits.

La prédiction temporelle permet aussi d'avoir un grand ratio de compression. En effet, il permet, de diviser le débit plusieurs fois par rapport à un codage uniquement *intra* comme indique dans le tableau 1.3.2. Cette qualité est encore mieux mise en avant quand des signaux possédant une certaine périodicité comme illustré figure 1.20.

26   CHAPITRE 1. LES COMPRESSEURS D'IMAGES ET DE VIDÉOS

Mode *intra*			Mode *inter* GoP = 8
(a)	(b)	(c)	(d)
Taille : 144 ko	18 ko	54 ko	6ko

TABLE 1.4 : a) Groupe de huit images en mode *intra* compressées avec un facteur $QP = 20$, (b) Groupe de huit images en mode *intra* compressées avec un facteur $QP = 20$, (c) Groupe de huit images en mode *intra* compressées avec un facteur $QP = 20$, (d) Groupe de huit images en mode *intra* compressées avec un facteur $QP = 20$.

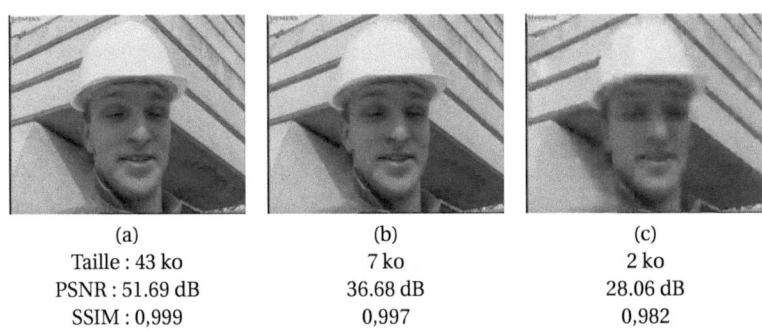

(a)	(b)	(c)
Taille : 43 ko	7 ko	2 ko
PSNR : 51.69 dB	36.68 dB	28.06 dB
SSIM : 0,999	0,997	0,982

FIGURE 1.19 : a) Image compressée avec un facteur de compression $QP = 10$ en format CIF 352×256 en format YUV $4:2:0$, b) Image compressée avec un facteur de compression $QP = 30$ en format CIF 352×256 en format YUV $4:2:0$, c) Image compressée avec un facteur de compression $QP = 45$ en format CIF 352×256 en format YUV $4:2:0$. Notons l'adaptabilité du codeur H.264/AVC pour divers taux de compression, (a) $T = 3,46$, (b) $T = 21,28$ et (c) $T = 74,5$.

1.3. COMPRESSION DE VIDÉOS

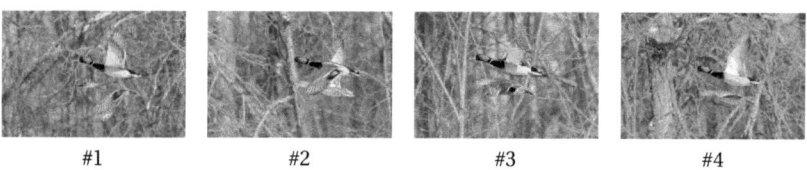

#1   #2   #3   #4

FIGURE 1.20 : Quatre images successives de la séquence vidéo *duck* qui mettent en avant l'utilité de la prédiction inter-trames dans des scènes avec des motifs périodiques. La prédiction de mouvements inter-trames est très utile pour coder les macro-blocs décrivant les corps des deux canards. De plus, les macro-blocs décrivant les ailes déployées du canard dans les images #1 et #4 sont un exemple d'un motif périodique de la séquence vidéo.

1.3.3 H.265/HEVC

H.265/HEVC (High Efficiency Video Coding) [HEVC, 2011] est la nouvelle norme de codage vidéo de l'ITU-T et de l'ISO/IEC dans le but de succéder au codeur H.264/AVC présenté en section 1.3.2. Nous détaillons l'aspect technique de H.265/HEVC, puis, nous présentons des résultats visuels du codeur H.265/HEVC.

Le codeur H.265/HEVC a été développé afin d'améliorer grandement les performances de la norme H.264/AVC pour répondre à des besoins d'ultra haute résolution sur des débits domestiques et de haute résolution sur des zones peu déservies ou sur des appareils mobiles. Le schéma technique du codeur H.265/HEVC, très similaire au codeur H.264/AVC, est décrit figure 1.13. Mais c'est surtout dans sa structure de codage que le codeur H.265/HEVC est innovant. Le tableau 1.5 résume les principales différences de codage [Sullivan *et al.*, 2012] entre les deux codeurs. L'étude du développement du codeur H.265/HEVC, permet de mettre en avant les techniques de compression les plus efficaces. Ainsi, nous pourrons étudier si les techniques de chiffrement du codeur H.264/AVC peuvent être reconduites sur le codeur H.265/HEVC.

Tout d'abord, le codeur H.265/HEVC divise l'image en macro-bloc (quad-tree) de taille 64×64 pixels [Marpe *et al.*, 2010]. Ces macro-blocs sont également divisés de manière hiérarchique, comme illustré dans la figure 1.21 en blocs de 32×32, 16×16, 8×8, 4×4, suivant une prédiction optimisée pour une compression maximale grâce à 35 modes de prédictions *intra*. La transformée en entier peut donc être effectuée à toutes ces tailles de sous-blocs : 32×32, 16×16, 8×8, 4×4. La prédiction de mouvements est aussi présente et a une précision de l'ordre du 1/4 de pixel. Ensuite, le codage entropique est effectué uniquement avec un codage arithmétique CABAC très semblable à celui présenté pour le codeur H.264/AVC.

… 28   CHAPITRE 1. LES COMPRESSEURS D'IMAGES ET DE VIDÉOS

Étape	H.264/AVC	H.265/HEVC
Macro-bloc	16 × 16 pixels	64 × 64 pixels
Prédiction *intra*	9 modes 4 × 4 et 8 × 8, 4 modes 16 × 16 et	35 modes 32 × 32, 16 × 16, 8 × 8, 4 × 4
Transformée	9 modes 4 × 4 et 8 × 8, 4 modes 16 × 16 et	35 modes 32 × 32, 16 × 16, 8 × 8, 4 × 4
Estimation de mouvement	16 × 16, 16 × 8, 8 × 16, 8×8, 8×4, 4×8, 4×4	Hiérarchique dans les quad-tree de 64 × 64 à 4 × 4
Précision pour l'estimation de mouvement	1/2 pixel	1/4 pixel

TABLE 1.5 : Tableau de comparaison des principales différences entre la structure de codage de H.264/AVC et celle de H.265/HEVC. Notons que les différentes sous-divisions des macro-blocs sont similaires entre les deux méthodes. Néanmoins, le codeur H.265/HEVC propose des divisions plus variés et aussi un macro-bloc de base beaucoup plus grand, ce qui le rend plus adapté aux vidéos en haute résolution.

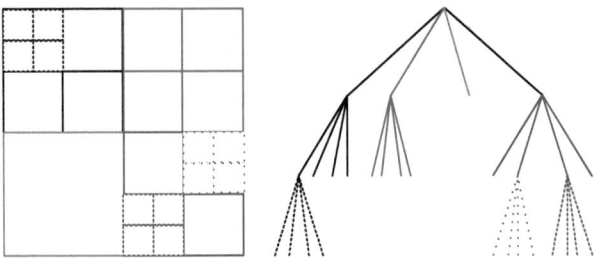

FIGURE 1.21 : Exemple d'un macro-bloc (quad-tree) du codeur H.265/HEVC avec sa structure de codage hiérarchique pour la prédiction *intra*. Les sous-divisions proposées par H.265/HEVC permettent de traiter la vidéo avec des macro-blocs adaptés aux contenus des images : de grands macro-blocs pour des zones lisses et de petits macro-blocs pour des zones texturées.

1.3. COMPRESSION DE VIDÉOS

La figure 1.22 présente une image de vidéo HD 1280p compressée avec plusieurs facteurs de compression avec la norme H.265/HEVC. Nous remarquons la grande variété de niveaux de compression du codec H.265/HEVC, grâce à cela il pourra facilement s'intégrer sur le terrain de son prédécesseur [Bossen *et al.*, 2012]. Néanmoins, son taux de compression est en moyenne deux fois plus élevé comme nous pouvons le remarquer dans l'exemple illustré figure 1.23.

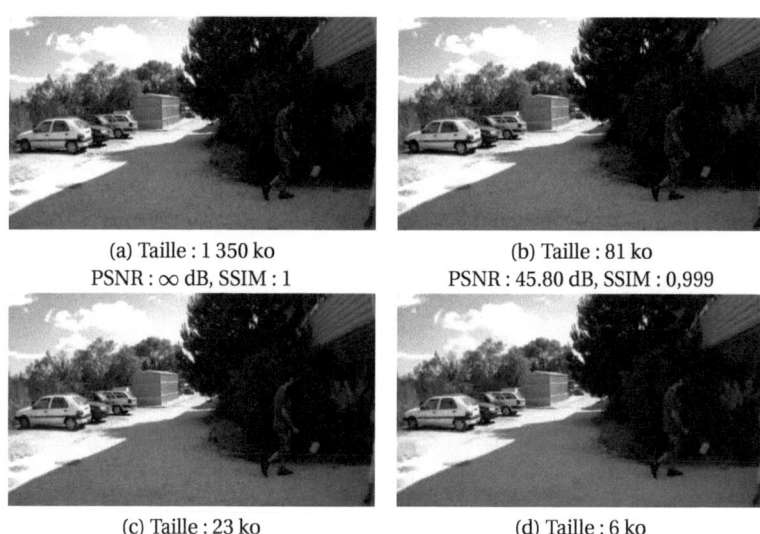

(a) Taille : 1 350 ko
PSNR : ∞ dB, SSIM : 1

(b) Taille : 81 ko
PSNR : 45.80 dB, SSIM : 0,999

(c) Taille : 23 ko
PSNR : 38,13 dB, SSIM : 0,998

(d) Taille : 6 ko
PSNR : 31.20 dB, SSIM : 0,996

FIGURE 1.22 : a) Image originale de *ardrone* avec une résolution 1280 × 720 pixels, b) image H.265/HEVC avec un facteur de compression QP = 20, c) image H.265/HEVC avec un facteur de compression QP = 32, d) image H.265/HEVC avec un facteur de compression QP = 44. Ces différents facteurs de compression permettent au codeur H.265/HEVC de rester compétitif même dans des cas de forte compression, comme nous pouvons le constater dans la figure (d) où le PSNR reste supérieur à 30 dB bien que le taux de compression soit élevé.

(a)
Taille *intra* : 225 ko
Taille *inter* : 36 ko

(b)
319 ko
102 ko

FIGURE 1.23 : a) Image d'une vidéo H.265/HEVC en CABAC avec un facteur de compression $QP = 30$, b) Image d'une vidéo H.265/HEVC avec un facteur de compression $QP = 30$, les tailles respectives du flux compressé pour un $GoP = 8$ en mode *intra* et en mode *inter* sont indiquées en dessous des images respectives. Notons que H.265/HEVC propose un facteur de compression plus de deux fois supérieur au codeur H.264/AVC à un niveau de qualité élevé.

1.4 Conclusion

Dans ce chapitre, nous avons décrit le fonctionnement de deux algorithmes de compression d'images, JPEG et JPEG2000, puis de deux algorithmiques de compression de vidéos, le standard international H.264/AVC et l'émergent H.265/HEVC.

Notons que la structure de compression est très similaire dans toutes ces normes, basée sur un pré-traitement de l'image, une division par blocs avec des prédictions intra-blocs, une transformée de type DCT, une quantification entrainant une perte de données adaptable au besoin de l'utilisateur, et un codage entropique. Le codage entropique par méthode arithmétique devient plus utilisé que le codage entropique à longueur variable. En effet, le codage entropique présente de meilleurs résultats en termes de taux de compression mais nécessite plus de temps de calcul. En effet le temps de calcul d'un codage entropique est plus important que pour la méthode VLC. Le mode CABAC est devenu très compétitif grâce à l'évolution des calculateurs. En revanche, les capacités des débits n'augmentant que faiblement en comparaison des calculateurs, les capacités du codeur entropique arithmétique le rendent très compétitifs.

Dans ce chapitre nous avons pu remarquer que la structure de codage est de plus en plus développée et structurée. Les structures de codage hiérarchiques, les prédictions inter-blocs et les prédictions de mouvement de plus en plus précises, donnent des entêtes

1.4. CONCLUSION

de plus en plus complexes mais permettent de diminuer grandement la taille des données brutes, pour un taux de compression de plus en plus grand.

Ces conclusions mettent en avant de nouvelles perspectives pour la compression de données visuelles : améliorer les structures de codage afin de mieux cerner les grandes corrélations des signaux visuels et développer des codeurs entropiques qui s'adaptent en temps réel au contexte de la vidéo. Le détail de ces compresseurs d'images et de vidéos permet de décrire les points essentiels de leur conception qui seront la base du développement de nos contributions en chiffrement sélectif.

CHAPITRE

2

Le chiffrement sélectif d'images de vidéos

Ce chapitre décrit les principes de base du chiffrement sélectif et de son application à la protection des images et des vidéos. La section 2.1 introduit la place du chiffrement sélectif au cœur de la protection de médias. Les objectifs et la conception du chiffrement sélectif sont énoncés dans la section 2.2. Nous discutons en détails des principaux algorithmes de chiffrement dans la section 2.3. Nous étudions l'application du chiffrement sélectif sur des compresseurs d'images et de vidéos courants dans la section 2.4. Enfin, dans la section 2.5, nous terminons en concluant sur le principe de chiffrement sélectif et en discutant des perspectives de son application en protection de vidéos comprimées.

2.1 Introduction

La cryptographie est une science ancienne qui a eu et a de nombreuses applications [Kahn, 1967]. Tout d'abord, militairement, la nécessité de protéger des données cruciales est un point clé de la sécurité des états, que ce soit en temps de paix ou de guerre. Le point de vue économique est aussi important, les industries doivent protéger leurs données face à la concurrence pour préserver leurs innovations. Mais également, les industries de distribution numérique se protègent de la distribution illégale de leurs produits à cause des copies frauduleuses de leurs biens. De nos jours, grâce à l'évolution des systèmes de stockages de données et de partage, les données individuelles peuvent être facilement attaquées par des personnes ou des logiciels pirates, ce qui rend nécessaire de chiffrer toute donnée stockée ou partagée. En outre, la surveillance des personnes, via des caméras de sécurité, est devenue monnaie courante. Cette méthode, bien qu'elle permette d'augmenter considérablement la sécurité des personnes et des lieux publics ou privés, peut porter atteinte à la vie privée des personnes et il est nécessaire de réguler l'accès à ces données.

Il existe deux approches pour protéger des données. La première est la protection des réseaux qui protège un grand ensemble de données sur un réseau précis, mais en revanche, toutes ces données sont compromises si un attaquant arrive à briser la protection du réseau attaqué. La seconde, dans laquelle se place nos contributions, est celle de la protection de la donnée elle-même. Dans ce cas, même s'il est nécessaire de protéger chaque donnée individuellement, chaque donnée protégée peut être partagée via des réseaux sécurisés ou sensibles.

Le chiffrement sélectif se place dans l'évolution de la cryptographie. Il se base sur la théorie que seul le chiffrement d'une petite partie bien choisie d'un message suffit à protéger l'intégralité du message [Uhl et Pommer, 2005]. Il permet ainsi de réduire les temps de calcul pour l'étape de chiffrement dans des applications en temps réel, et surtout, met en avant les faiblesses des compresseurs dans la conception des messages codés. Dans [Shahid, 2010], il est montré qu'une vidéo peut être protégée en augmentant seulement le débit de débit de quelques pour-cents et cela en ne chiffrant que 20% du flux binaire.

Pour finir, dans notre application nous distinguons la protection visuelle à la protection des flux binaires. La première stipule que le contenu visible est inintelligible et l'autre stipule que le flux binaire chiffré est le plus proche possible d'un signal stochastique. Dans [Massoudi et al., 2008b], il est expliqué que, pour la sécurité des images et des vidéos, la dégradation visuelle est généralement utilisée comme méthode de sécurité dans le chiffrement sélectif. Néanmoins, cette méthode doit être appliquée de manière flexible en tenant compte du codeur sur lequel s'applique la méthode de protection. Le chiffrement sélectif qui cause la dégradation visuelle doit tout de même assurer une sécurité du flux binaire.

2.2 Principe de la cryptographie

Tout d'abord, nous discutons des objectifs scientifiques de la cryptographie et du chiffrement sélectif dans la section 2.2.1. Ensuite, en section 2.2.2 nous présentons les méthodes de conception des algorithmes de chiffrement.

2.2.1 Objectifs

L'objectif principal de la cryptographie est de rendre inintelligible un message [Kerckhoffs, 1883]. Néanmoins, ce message doit pouvoir être décodé par le destinataire. De plus, le message chiffré doit être le plus décorrélé possible du message original, afin qu'il ne puisse être facilement décodé sans connaître la clé de protection. La figure 2.1 présente une vision générale et simplifiée de l'objectif d'un chiffrement de données.

Dans le cas du chiffrement sélectif, l'objectif principal est de faire en sorte que la partie chiffrée soit totalement décorellée du reste des données pour qu'un attaquant ne puisse pas utiliser le contenu en clair pour prédire le contenu chiffré [Koblitz, 1994].

2.2. PRINCIPE DE LA CRYPTOGRAPHIE

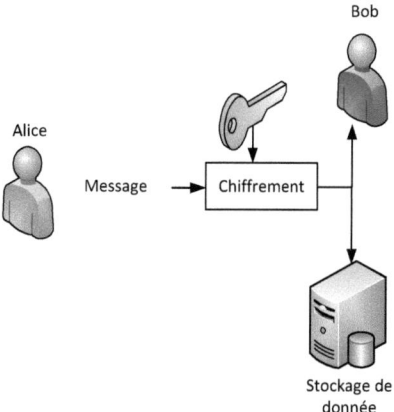

FIGURE 2.1 : Schéma simplifié de la cryptographie. Ici, Alice veut soit transmettre un message protégé à Bob, soit il peut l'archiver en le protégeant.

2.2.2 Conception

Les deux principaux types de chiffrement classiques sont la transposition et la substitution [Dorothy et Robling, 1982]. La transposition réorganise l'ordre des symboles dans un message : "Bonjour" devient "jBnooru" dans un cas d'école. La substitution, quant à elle, remplace les symboles d'un groupe par d'autres symboles : "Bonjour" devient "Cpokpvs" dans un cas trivial où l'on remplace la lettre de l'alphabet latin par la suivante. Dans le dernier cas, l'algorithme est "remplacer une lettre de l'alphabet par une autre en gardant l'ordre de l'alphabet", et la clé est "1" qui est la valeur de translation. Cet algorithme est appelé l'algorithme de César [Bauer, 2002]. Il existe donc deux points essentiels pour la cryptographie : l'algorithme et la clé. D'un point de vue de la sécurité, il faut prendre en compte que l'attaquant peut connaître l'algorithme de chiffrement mais pas la clé [Kerckhoffs, 1883]. La clé est utilisée pour le chiffrement et le déchiffrement et doit être conservée secrète, ce qui oblige l'émetteur et le récepteur à se mettre d'accord avant toute transmission de données.

La conception des algorithmes de chiffrement sélectif se place dans ce domaine et se divise en deux étapes : trouver les données clés du flux binaire afin de les chiffrer sans altérer la syntaxe du fichier et connaître quel algorithme de chiffrement sera efficace pour protéger la petite quantité de données choisies. La Fig. 2.2 résume la conception d'un algorithme de chiffrement sélectif.

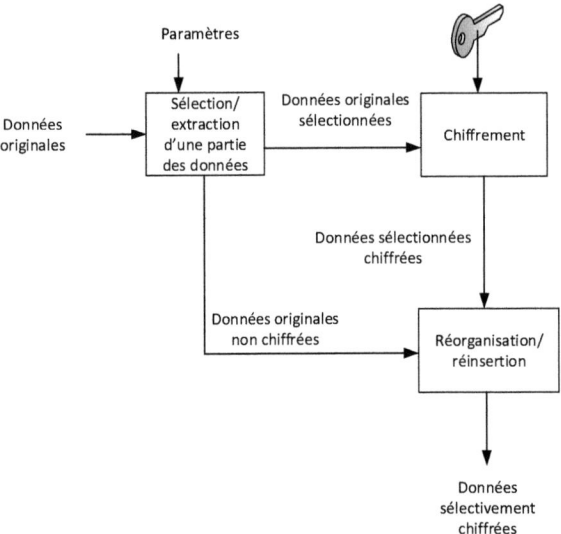

FIGURE 2.2 : Schéma caractéristique du chiffrement sélectif sur un flux de symboles. Dans le chiffrement sélectif, seul une partie choisie des données est chiffrée. Le chiffrement sélectif est effectué de manière à ce que l'intégralité des données reste compréhensible par le support original.

La cryptographie est la science de la sécurisation des données, en revanche, la cryptanalyse est la science de l'analyse et de l'attaque des données sécurisées. Elle tente de trouver les données en clair généralement en utilisant le cryptogramme et la connaissance de l'algorithme. La sécurité d'un algorithme cryptographique est mesurée donc en termes de temps et de ressources nécessaires pour déchiffrer le message.

2.3 Algorithmes de chiffrement

Les algorithmes de chiffrement se basent généralement sur deux modes : le chiffrement symétrique que nous étudions en section 2.3.1 et le chiffrement asymétrique que nous analysons en section 2.3.2. Pour finir, nous présentons en détail l'algorithme de chiffrement AES dans la section 2.3.3.

2.3.1 Chiffrement symétrique

Le chiffrement symétrique, appelé aussi chiffrement à clé privée, est la technique de chiffrement la plus largement utilisée, son schéma est présenté dans la figure 2.3. Les systèmes de chiffrement et de déchiffrement utilisent la même clé secrète. Cette clé est connue uniquement par le destinataire et l'expéditeur afin de maintenir l'intégrité du message transmis. L'inconvénient de cette méthode est que la clé doit tout le temps rester secrète, et doit donc être en conséquent protégée. Cela oblige l'utilisateur à utiliser un autre mode sécurisé pour la transférer, comme par exemple un chiffrement à clé asymétrique.

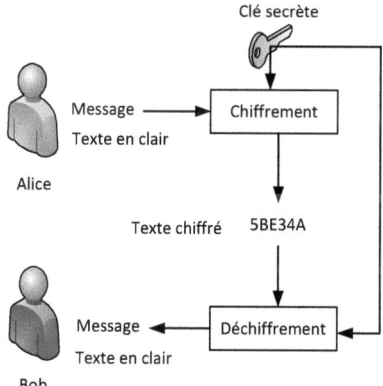

FIGURE 2.3 : Schéma descriptif d'un chiffrement symétrique. La clé secrète est partagée entre l'émetteur et le récepteur.

2.3.2 Chiffrement asymétrique

Dans le chiffrement asymétrique, aussi appelé chiffrement à clé publique, chaque utilisateur possède un couple de clés : une pour le chiffrement et l'autre pour le déchiffrement comme décrit dans la figure 2.4. La clé de chiffrement, aussi appelée clé publique, est connue par l'expéditeur et le destinataire. En revanche, la clé de déchiffrement, aussi appelée clé privée, est connue uniquement par le destinataire. Les deux clés sont mathématiquement liées : les données chiffrées par la clé publique ne peuvent être déchiffrées que par la clé privée liée, ce qui permet de garantir la sécurité du message chiffré.

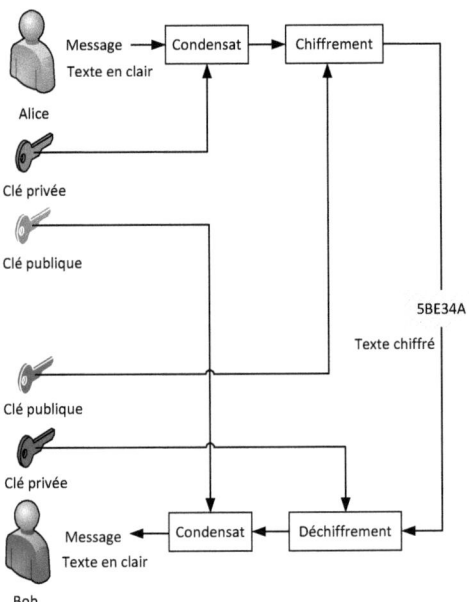

FIGURE 2.4 : Schéma descriptif d'un chiffrement asymétrique. Pour améliorer la sécurité par rapport à la méthode de chiffrement symétrique (voir figure 2.3), il existe une clé privée, utilisée uniquement par l'émetteur, et une clé publique spécifique à l'émetteur et utilisée par le récepteur.

2.3. ALGORITHMES DE CHIFFREMENT

Tout d'abord, l'expéditeur (Alice) effectue un condensat (une signature) de son message puis il le chiffre avec sa propre clé privée. Ensuite, il chiffre son message avec la clé publique du récepteur (Bob), puis envoie son message. Le récepteur déchiffre le message avec sa clé privée. Pour être sûr que le message provient de l'expéditeur et pas d'un tiers malveillant, l'expéditeur déchiffre le condensat avec la clé publique de l'expéditeur, et si les deux condensats correspondent alors le message est bien de l'expéditeur. Le chiffrement à clé publique utilise des fonctions trappes unidirectionnelles, elles ont la particularité de rendre impossible la transformation inverse de la porte sans une information précise qui dans notre cas est la clé privée. Des algorithmes asymétriques très connus sont le RSA, le Cryptosystème de ElGamal et les courbes elliptiques [Schneier, 1995].

2.3.3 Le chiffrement AES

Le standard de chiffrement AES (Advanced Encryption System) [Daemen et Rijmen, 2002] est un des chiffrements symétriques les plus performants en termes de sécurité et en coût de calcul. Il a été conçu pour substituer l'algorithme DES (Data Encryption Standard). Nous présentons son fonctionnement général. Puis, nous terminons par décrire ses modes spécifiques en section 2.3.3.

Fonctionnement d'AES

L'algorithme AES est composé d'un ensemble d'étapes répétées appelées *rotations*. Le nombre de *rotations* dépend de la taille de la clé et de la longueur du bloc à traiter : neuf pour un bloc et une clé de 128 bits, onze pour une clé de 192 bits et 13 pour une clé 256 bits. La figure 2.5 décrit le fonctionnement d'AES, où dans une séquence en clair $\{X_1, X_2, ..., X_n\}$, chaque X_i est chiffré avec la même clé secrète k pour créer la séquence chiffrée $\{Y_1, Y_2, ..., Y_n\}$.

La première étape de chiffrement d'un bloc de données X_i est l'ajout d'une rotation de clé, c'est à dire, effectuer une disjonction exclusive entre la clé k et le bloc X_i. Ensuite, les opérations de *rotation* sont composées de quatre parties. La première, appelée opération *sous-octet*, remplace chaque octet par son substitut dans une table de substitution afin de casser la linéarité de la structure de chiffrement. L'opération suivante est appelée décalage de ligne. Ici, les lignes d'octets sont décalées cycliquement suivant des *offsets* différents. L'opération suivante, la combinaison de colonne, multiplie chaque colonne par une matrice sur le corps de Galois nommée $GF(2^8)$. La dernière opération est une nouvelle étape de *rotation* entre la donnée courante et la clé de la rotation comme indiqué dans la Fig. 2.5.

En parallèle du chiffrement du texte en clair se passe le procédé de la clé secrète, ces deux procédés sont totalement indépendants. Le second procédé, appelé indexation de la clé, est séparé en deux éléments : la clé étendue et la sélection de la rotation. La clé étendue est un rang de mots de quatre octets qui est noté ainsi : $W[N_b(N_k+1)]$, avec N_b le nombre de colonnes du bloc de données et N_k le nombre de colonnes de la clé de

40 CHAPITRE 2. LE CHIFFREMENT SÉLECTIF D'IMAGES DE VIDÉOS

chiffrement. Les premiers termes de N_k contiennent la clé de chiffrement et tous les autres termes sont définis de manière récursive. La fonction d'extension de la clé dépend de la valeur de N_k. La clé de chiffrement est alors développée en une clé étendue. Les clés de rotation proviennent de cette clé étendue de cette manière : la première clé de rotation est composée des premiers termes de N_b, la deuxième clé des termes de N_b suivants et ainsi de suite.

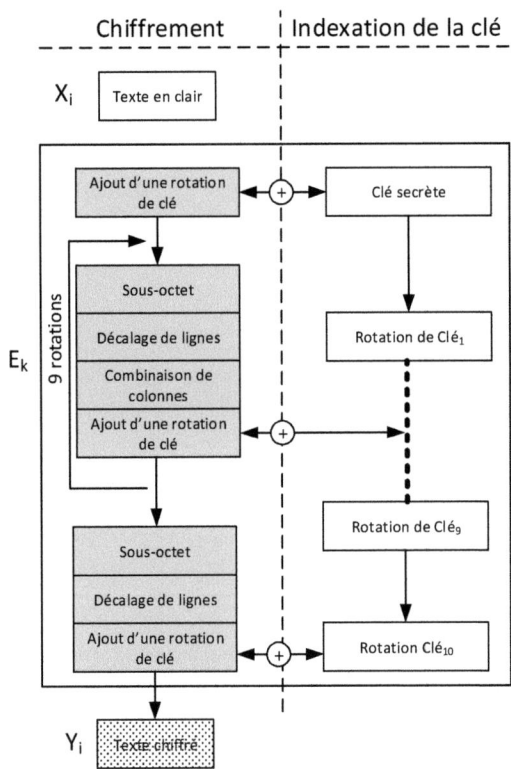

FIGURE 2.5 : Schéma de rotations d'une clé de 128 bits de l'algorithme AES. Il y a 12 rotations pour une clé de 164 bits et 14 pour une de 192 bits.

2.3. ALGORITHMES DE CHIFFREMENT

Modes de chiffrements d'AES

L'algorithme de chiffrement AES présente plusieurs modes : ECB, CBC, OFB, CFB et CRT. Chacun de ces modes nécessite une initialisation, sauf le mode ECB. Un vecteur d'initialisation est un bloc de données aléatoires pour créer le chiffrement du premier bloc afin qu'il soit indépendant du contenu à chiffrer. Ce vecteur est ensuite transmis en clair.

Le premier mode, ECB (Electronic CodeBook), est le mode de base de AES. Les blocs en clair X_i sont chiffrés avec la même clé secrète pour créer les blocs chiffrés Y_i tel que :

$$Y_i = E_k(X_i) \tag{2.1}$$

Le mode CBC (Cipher Block Chaining) ajoute un retour d'information sur le chiffrement par bloc. Chaque bloc chiffré Y_i subit une disjonction exclusive avec le bloc en clair X_{i+1} avant d'être chiffré avec la clé k à partir d'un vecteur d'initialisation I_0 et X_0 pour créer Y_0.

Le mode CFB (Cipher FeedBack), présenté dans la figure 2.6, est le plus utilisé dans nos contributions car il permet de chiffrer très différemment des blocs successifs similaires. Le flux secret Z_i est généré ainsi :

$$Z_i = E_k(Y_i - 1) \tag{2.2}$$
$$Y_i = X_i \oplus Z_i, \tag{2.3}$$

à partir d'un vecteur d'initialisation I_0 chiffré puis il subit une disjonction exclusive avec X_0 pour créer Y_0.

Le mode OFB (Output FeedBack) est semblable au mode CFB mais dans son cas $Z_i = E_k(Z_i - 1)$, la donnée d'entrée est chiffrée par disjonction exclusive avec la sortie Z_i. Le mode CTR (Counter) a des caractéristiques similaires au mode OFB, mais il permet un accès aléatoire propre au déchiffrage.

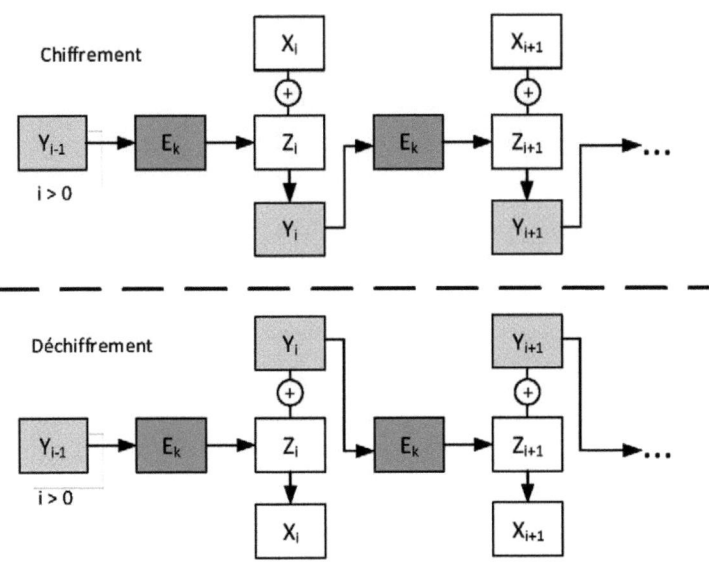

FIGURE 2.6 : Schéma de fonctionnement du mode CFB d'AES, pour l'indice i : X_i est le bloc en clair, Y_i le bloc chiffré, E_k l'étape de chiffrement par la clé k et K_i le bloc nouvellement chiffré avant la disjonction exclusive créant Y_i. Le mode CFB permet, par sa conception, de chiffrer différemment des données identiques, cette propriété est très utile pour protéger des zones d'images identiques.

2.4 Applications du chiffrement sélectif aux compresseurs d'images et de vidéos

Cette section discute de l'application du chiffrement sélectif sur divers standards de compression d'images et de vidéos. Dans la section 2.4.1 nous décrivons le chiffrement sélectif dans le domaine spatial. Nous présentons, dans la section 2.4.2, les applications à la norme JPEG. Ensuite, les applications sur la norme JPEG2000 sont décrites dans la Section 2.4.3. Dans la section 2.4.4, nous discutons des différentes méthodes de chiffrement sélectif pour le standard H.264/AVC. Pour finir, nous discutons de l'application d'un chiffrement sélectif sur le nouveau standard vidéo H.265/HEVC en section 2.4.5.

2.4.1 Chiffrement sélectif dans le domaine spatial

Les premières méthodes de chiffrement sélectif se sont développées dans le domaine spatial [Van Droogenbroeck et Benedett, 2002]. Le chiffrement sélectif est effectué suivant deux méthodes standards. Dans un premier cas, une zone d'intérêt est sélectionnée spatialement puis l'ensemble des données (ou une partie) est chiffrée.

Une méthode consiste à chiffrer plutôt une partie des bits de chaque valeur : la figure 2.7 présente l'image de *lena* avec le chiffrement sélectif d'image JPEG élaboré par [Van Droogenbroeck et Benedett, 2002]. Dans cette expérience les sept LSB de chaque pixel sont affectés par le chiffrement. De plus, le PSNR atteint 17.7 dB, avec un ratio de chiffrement de 7/8 (87%). Notons que la protection est légère par rapport au ratio de chiffrement. Cet exemple justifie l'évolution du chiffrement sélectif vers des techniques basées sur le chiffrement des coefficients transformés plutôt que sur un chiffrement spatial.

FIGURE 2.7 : Image chiffrée de *Lena* avec l'algorithme présenté dans [Van Droogenbroeck et Benedett, 2002] où les sept LSB de chaque pixel sont chiffrés. Notons que le contenu de l'image de *Lena* est compréhensible, les deux parties distinctes (sombre et claire) sont dues au MSB qui n'est pas chiffré, suivant s'il a la valeur 1 ou 0).

2.4.2 Chiffrement sélectif du standard JPEG

L'étude du chiffrement du codeur JPEG est une étape nécessaire. Le codeur H.264/AVC, sur lequel se base nos contributions, possède une structure de codage très similaire à la compression JPEG. Cette méthode de compression est, de plus, très répandue et largement utilisée. Le grand nombre de partage d'images via les réseaux sociaux et le stockage d'images sur des serveur publics a rendu nécessaire le développement de systèmes de protection pour ce format d'image.

Plusieurs méthodes de chiffrement sélectif ont été proposées dans la littérature afin de protéger le contenu visuel des images JPEG. La plupart d'entre elles sont basées sur un traitement au niveau des coefficients DCT afin de ne chiffrer qu'une partie du flux binaire comme préconisé dans tout chiffrement sélectif [Jakimoski et Subbalakshmi, 2008]. Ces parties du flux binaire sont généralement chiffrées avec l'algorithme AES qui a été présenté dans la section. 2.3.3.

Certains algorithmes utilisent une permutation, comme proposé dans [Tang, 1996] où une permutation de la lecture en zigzag est effectuée (sous forme chaotique) sur les coefficients transformés. L'efficacité de chiffrement de cette méthode est très grande, mais elle augmente néanmoins le débit binaire. Un flux binaire évolutif chiffré a été proposé dans [Fish *et al.*, 2004] où le flux binaire est construit avec le coefficient DC et certains coefficients AC de chaque bloc, puis ces coefficients sont disposés en couches en fonction de leur importance visuelle. Le processus de chiffrement sélectif est effectué sur ces couches.

Dans [Zeng et Lei, 2003; Wen *et al.*, 2002] un chiffrement total basé sur les coefficients DCT est utilisé. Cette approche est très efficace et le flux chiffré reste conforme à la norme, mais il ne se concentre que sur un chiffrement complet des données du flux binaire.

Ensuite, le chiffrement sélectif des coefficients AC uniquement a été étudié par plusieurs auteurs. Dans [Van Droogenbroeck et Benedett, 2002] les coefficients transformés AC sont chiffrés et les coefficients transformés DC ne le sont pas. Il en résulte un débit constant et un flux binaire conforme, mais la compression et le chiffrement sont des étapes séparées dans le procédé, par conséquent, le coût en temps de calcul est férocement augmenté. Dans [Said, 2005], la force de chiffrement sélective est évaluée et le papier prouve que les attaquants peuvent exploiter les informations des parties non chiffrées et des en-têtes.

Le chiffrement sélectif des régions d'intérêt (ROI) est abordé dans [Rodrigues *et al.*, 2006b,a] dans le but de protéger les visages des images afin de préserver la vie privée des sujets. Dans les approches proposées, les ROI sont détectées lors de la compression JPEG, et le chiffrement des couleurs des images est essentiellement basé sur le chiffrement des coefficients AC.

La figure 2.8 montre la protection visuelle du chiffrement sélectif proposé dans [Rodrigues *et al.*, 2006a]. Les résultats de ce chiffrement sélectif basé sur les fréquences sont clairement plus efficaces que la précédente méthode basée spatialement. Ici, le ratio de

2.4. APPLICATIONS DU CHIFFREMENT SÉLECTIF AUX COMPRESSEURS D'IMAGES ET DE VIDÉOS

chiffrement est à 17,23% avec un PSNR de 13.48 dB. En moyenne, les méthodes de chiffrement sélectif similaires proposent des résultats très proches de cette méthode.

FIGURE 2.8 : Image chiffrée de *Lena* avec l'algorithme présenté par [Rodrigues et al., 2006b] où seulement les coefficients AC non nuls de la DCT sont chiffrés. Notons que les blocs 8×8 de la compression JPEG sont très visibles, cela est dû au non-chiffrement des coefficients DC par l'algorithme de protection.

2.4.3 Chiffrement sélectif du standard JPEG2000

La norme de sécurité internationale de l'ISO/IEC JPEG2000, JPSEC [ISO/IEC 15444-8. Information technology, 2007; Apostolopoulos et al., 2006], est conçue pour assurer la sécurité de l'imagerie numérique de la norme de codage JPEG2000. En outre, plusieurs articles de la littérature présentent quelques améliorations à cette norme [Sadourny et Conan, 2003].

Dans [Norcen et Uhl, 2005], la technique de chiffrement est appliquée dans l'algorithme de compression par ondelettes de JPEG2000. Il permute aléatoirement et effectue une rotation des blocs de coefficients d'ondelettes dans les différentes sous-bandes d'ondelettes pour chiffrer les données d'images dans la pile. Cette méthode de compression permet d'avoir un bon compromis entre la sécurité et les performances de compression. Par ailleurs, dans [Wu et Ma, 2004], les auteurs ont développé une méthode efficace, préservant le format de compression, basée sur un chiffrement sélectif directement dans le processus de compression. Un autre système de chiffrement sécurisé efficace pour les flux de code JPEG2000 est proposé dans [Fang et Sun, 2006]. Le dispositif protège toutes les informations d'une image contenue dans un corps de paquet JPEG2000 et fonctionne avec n'importe quel algorithme de chiffrement.

Certaines méthodes visent à réduire la quantité de données à chiffrer, tout en réalisant une sécurité suffisante et peu couteuse en ressource de calcul. Ces méthodes sont particulièrement souhaitables en cas de fortes contraintes sur le débit de communication.

CHAPITRE 2. LE CHIFFREMENT SÉLECTIF D'IMAGES DE VIDÉOS

Dans [Massoudi et al., 2008a] le chiffrement sélectif des JPEG2000 est appliqué à partir de l'information point de vue de la théorie. La méthode présente un ensemble de critères d'évaluation et exploite l'optimisation débit-distorsion exécutée par l'algorithme de EB-COT de JPEG2000. Par ailleurs, dans [Lian et al., 2004] le chiffrement sélectif proposé chiffre des bandes de fréquence sensibles et des plages de bits de manière sélective et partielle, et cela grâce à un facteur de qualité sélectionné par l'utilisateur.

L'utilisation du module de codage entropique arithmétique comme méthode de chiffrement a aussi été étudié. Dans [Jiangtao et al., 2006], un décalage des intervalles dans le codeur arithmétique est proposé. Il utilise une clé secrète pour connaître le nouveau partitionnement de l'intervalle du codeur arithmétique. Cette méthode est très sécurisée mais augmente légèrement le débit car les nouveaux intervalles ne sont pas optimisés pour la compression. Une autre approche [Grangetto et al., 2006] propose de permuter l'ordre des intervalles à partir d'une clé secrète. Dans ces méthodes le flux binaire n'est plus conforme au standard H.264/AVC.

Dans [Engel et al., 2007; Stütz et Uhl, 2007], l'aspect de la qualité perceptuelle du chiffrement est étudiée. Dans cette étude, trois variantes de chiffrement transparent de JPEG2000 images sont comparées du point de vue de la qualité perçue. L'évaluation est fondée sur les évaluations de la qualité subjectives et objectives des images chiffrées de manière transparente. La méthode met l'accent sur la prévision de la qualité subjective des images chiffrées en utilisant un score moyen d'opinion (MOS, en anglais Mean Opinion Score) et un état de l'art des métriques de qualité objective.

Des états de l'art très précis sur le chiffrement de JPEG2000 peuvent être trouvés dans la littérature [Engel et al., 2009; Uhl et Pommer, 2005], où les algorithmes de chiffrement de JPEG2000 sont évalués en termes de sécurité, de temps d'exécution, de performance de compression et de leur aptitude à répondre à un large éventail d'applications. Dans la figure 2.9, l'image de Lena est chiffrée dans le domaine fréquentiel avec l'algorithme présenté dans [Stütz et Uhl, 2007]. Dans cet exemple, le PSNR est de 11,88 dB.

2.4. APPLICATIONS DU CHIFFREMENT SÉLECTIF AUX COMPRESSEURS D'IMAGES ET DE VIDÉOS 47

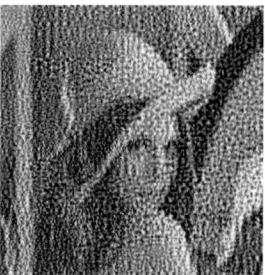

FIGURE 2.9 : Image chiffrée de *Lena* avec l'algorithme présenté dans [Stütz et Uhl, 2007] où seules les sous-bandes de la transformée en ondelettes sont chiffrées. Notons que l'image chiffrée est moins marquée par les effets de blocs que dans le cas d'image JPEG (voir figure 2.7). Cependant, le non-chiffrement de la sous-bande de base permet à l'image d'être légèrement compréhensible.

2.4.4 Chiffrement sélectif du standard H.264/AVC

Dans cette section nous discutons des différentes méthodes de chiffrement sélectif pour le standard H.264/AVC. Nous présentons les principales méthodes de chiffrements sélectifs. Puis, nous décrivons la méthode de chiffrement sélectif sur laquelle sont basées nos méthodes développées dans le seconde partie de ce manuscrit.

Méthodes de la littérature

Il existe un grand nombre de méthodes de chiffrement sélectif du codec H.264/AVC dans la littérature [Stütz et Uhl, 2011]. Le chiffrement sélectif y est d'ailleurs aussi connu sous le nom de chiffrement partiel, où il a toujours l'objectif de protéger les données tout en limitant le temps de calcul supplémentaire. Le chiffrement sélectif du codec H.264/AVC se porte généralement sur une partie du flux binaire [Lookabaugh et Sicker, 2004] et donne des résultats de protection acceptables en termes de confidentialité visuelle par rapport à un chiffrement total du flux binaire. Un des autres challenges du chiffrement sélectif est que le décodeur/déchiffreur doit être capable de différencier les données chiffrées des données en clair [Chen et Li, 2000]. De plus, le flux binaire doit rester lisible par un décodeur H.264/AVC classique.

Plusieurs auteurs ont développé des approches différentes pour arriver à ces besoins. Tout d'abord, les méthodes utilisent généralement l'algorithme de chiffrement DES. Mais le plus souvent l'algorithme AES est utilisé pour ses qualités en termes de protection et de temps d'exécution [Uhl et Pommer, 2005]. Les méthodes sont généralement divisées en catégories basées sur la position du chiffrement dans le processus de codage de la vidéo : la position spatiale des pixels, la structure du codeur vidéo, les blocs de coefficients transformés, le codage entropique ou le flux binaire. La catégorie de chiffrements dans le module de codage entropique est généralement la plus efficace car elle permet de répondre aux contraintes de respect du format et de protection.

L'utilisation d'un codeur entropique de Huffman comme méthode de chiffrement a été proposée dans [Wu et Kuo, 2005]. La méthode préserve le format mais elle est entravée par une augmentation du débit qui la rend peu appropriée et limitée pour les applications en temps réel. Une méthode de chiffrement du standard MPEG-4 a également été présentée dans [Wen et al., 2002] où l'algorithme DES est utilisé pour chiffrer des longueurs fixes ou variables de codes binaires. Dans cette approche le flux binaire reste fidèle au format H.264.AVC mais le débit binaire est augmenté. La sécurité du mode *intra* est renforcé dans la méthode présentée par [Jiang et al., 2010], où chaque trame reçoit une clé de cryptage spécifique et synchronisée. De plus, chaque type de macro-bloc est chiffré différemment avec une sequence chaotique pour améliorer la protection contre les attaques par texte clair.

Le chiffrement perceptuel a également été présenté dans [Au Yeung et al., 2011], où le chiffrement est effectué avec une transformée alternative des coefficients DCT avec une clé singulière. Des cartes chaotiques ont également été utilisées pour rendre aléatoires les positions macro-bloc afin d'améliorer la protection contre les attaques à texte clair [Choi et al., 2011].

Méthode utilisée pour les contributions

Dans cette section nous détaillons la méthode de chiffrement sélectif [Shahid, 2010] que nous avons utilisé pour nos contributions qui sont développées dans la seconde partie de ce manuscrit. Le chiffrement sélectif du codec H.264/AVC est effectué durant le codage entropique. Le chiffrement peut être effectué soit dans le mode CAVLC [Shahid et al., 2009a] soit dans le mode CABAC [Shahid et al., 2009b] du codeur H.264/AVC. Le module de codage entropique épaule le chiffrement sans affecter l'efficacité du codage du codec H.264/AVC en gardant exactement le même débit, générant des flux binaires totalement conformes au format et utilisant une puissance de calcul négligeable. Il faut respecter les trois conditions suivantes pour respecter les contraintes de formats et de temps réels :
- pour un même débit binaire, les mots de codes chiffrés doivent avoir la même longueur que les mots de codes originaux ;
- les mots de codes chiffrés doivent être lisibles par le décodeur entropique du décodeur,
- Les valeurs des éléments de syntaxes des mots de codes chiffrés doivent respecter l'intervalle de l'élément de syntaxe.

Dans chaque macro-bloc, les informations d'entête sont codées d'abord, puis elles sont suivies par les données du macro-bloc. Afin de garder le flux binaire conforme, il ne faut

2.4. APPLICATIONS DU CHIFFREMENT SÉLECTIF AUX COMPRESSEURS D'IMAGES ET DE VIDÉOS 49

pas chiffrer les informations d'entête car elles sont utilisées dans la prédiction des futurs macro-blocs.

Chiffrement sélectif dans le mode CAVLC

Le mode CAVLC présente cinq éléments de syntaxe pour coder les niveaux et les plages. Les coefficients non-nuls sont codés avec trois éléments de syntaxes : *coeff_token*, *signs of trailing ones* et *remaining non-zero levels*. Les zéros sont codés par deux éléments de syntaxes : *total no. of zeros* et *runs of zeros* comme présenté dans la figure 2.10. Un unique élément de syntaxe *coeff_token* est utilisé pour coder l'intégralité des coefficients non-nuls et le nombre de *trailing ones* (T1's). Cet élément de syntaxe est suivi par le codage des *signs of trailing ones*. Ensuite, les *Remaining non-zero levels* sont codés en utilisant les sept tables VLC.

Afin de respecter le format du codeur H.264/AVC [Shahid *et al.*, 2010], il n'est pas possible de chiffrer les éléments de syntaxe suivants : *coeff_token*, *total number of zeros* et *runs of zeros*. En gardant l'optique de conserver le même débit que la vidéo non-chiffrée, l'espace de chiffrement dans le mode CAVLC est limité au chiffrement des coefficient non-nuls en conservant leur longueur de mot de codes dans la table VLC. La table VLC choisie pour coder la valeur du coefficient non-nul dépend des seuils définis par l'équation suivante 2.4 :

$$TH[0\ldots 6] = (0, 2, 3, 6, 12, 24, 48, \infty), \qquad (2.4)$$

où TH est la valeur du seuil. La permutation avec AES est effectuée dans chaque table afin que la taille de la donnée chiffrée soit la même que la donnée originale. L'espace de chiffrement est de 2^n bits, où n est le numéro de la table :

$$ES[0\ldots 6] = (1, 2, 4, 8, 16, 32, 64, \infty), \qquad (2.5)$$

avec ES représentant l'espace de chiffrement. Pour la table VLC0, chaque coefficient non-nul possède une longueur de mot de code différent. Par conséquent, il n'est pas possible de chiffrer les coefficients de la table VLC0.

Pour les étapes de décodage et de déchiffrement, le décodeur n'a besoin que de connaître la clé secrète. En effet, l'ensemble des parties chiffrables du flux binaire est chiffré. En conséquence, le décodeur n'a pas besoin d'informations supplémentaires pour connaître les parties à déchiffrer.

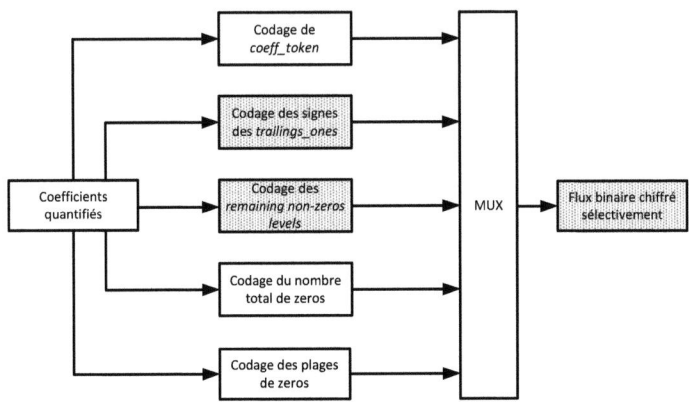

FIGURE 2.10 : Éléments de syntaxe du mode CAVLC, les éléments chiffrés par la méthode SE-CAVLC [Shahid et al., 2010] sont représentés en gris. Les $trailings_ones$ et $remainingnon-zeroslevels$ ont une longueur de bits fixée par les tables VLC, ce qui permet de les chiffrer sans altérer la syntaxe du flux binaire H.264/AVC.

Chiffrement sélectif dans le mode CABAC

Le chiffrement sélectif dans le mode CABAC est effectué sur les chaines binaires qui sont en entrée du codeur binaire arithmétique (BAC) comme présenté dans la figure 2.11.

Dans le mode CABAC, les codes *unary* et *truncated unary* ont des longueurs de mot de code différentes pour chaque valeur d'entrée, par conséquent, ils ne peuvent pas être chiffrés [Shahid et al., 2010]. Les éléments de syntaxe qui respectent les critères énoncés pour le chiffrement sont les suffixes EG0 et les bits de signes des niveaux. Pour chaque coefficient non-nul tel que $|NZ| > 14$, le chiffrement est effectué sur le $l(x)$ du EG0. Ensuite, le chiffrement des éléments de syntaxe *coeff_sign_flag* est effectué, ces éléments de syntaxe représentent les signes des niveaux de tous les coefficients non-nuls. L'espace de chiffrement est $2^{\log_2(n+1)}$ avec n qui est la taille en bits du suffixe de EG0.

Pour l'étape de décodage/déchiffrement, le décodeur n'a besoin que de connaitre la clé secrète, cela pour les même raisons que celles évoquées dans la méthode SE-CAVLC.

2.4. APPLICATIONS DU CHIFFREMENT SÉLECTIF AUX COMPRESSEURS D'IMAGES ET DE VIDÉOS

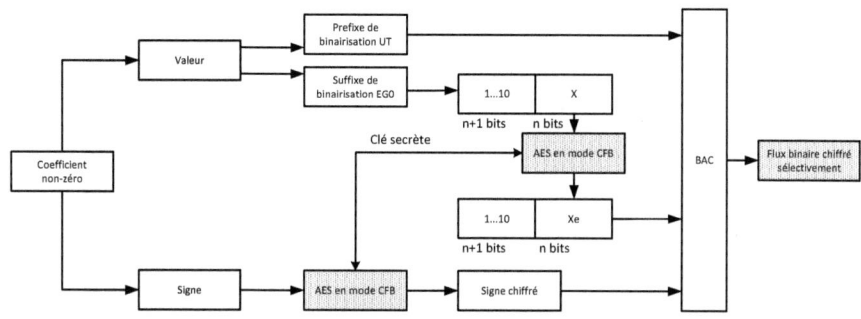

FIGURE 2.11 : Méthode de chiffrement sélectif SE-CABAC [Shahid *et al.*, 2010]. Les éléments de codes chiffrés sont représentés en gris. Ces éléments sont codés sur une longueur fixe de bits, permettant leur chiffrement sans altérer la syntaxe du flux binaire H.264/AVC.

Résultats des méthodes SE-CAVLC et SE-CABAC

Les méthodes SE-CAVLC et SE-CABAC sont très efficaces. Ces algorithmes de chiffrement sélectif proposent une protection visuelle adéquate avec un PNSR moyen de 9,46 dB pour SE-CAVLC et 9,80 dB pour SE-CABAC comme présenté dans le tableau 2.4.4. De plus, la confidentialité visuelle est préservée avec un espace de chiffrement moyen de 26,77% pour SE-CAVLC et 19,37% pour le mode SE-CABAC. Des images de la séquence *foreman* sont présentées dans la figure 2.12

Séquences	SE-CAVLC			SE-CABAC		
	PSNR (Y) (dB)	Taille totale (octets)	ES (%)	PSNR (Y) (dB)	Taille totale (octets)	ES (%)
Bus	7.90	1254523	31.05	8.18	1255497	19.93
City	10.90	1022852	26.41	11.23	1024053	19.79
Crew	8.96	779480	20.66	9.90	777037	18.97
Football	11.48	997640	25.33	11.49	987936	19.45
Foreman	11.48	813195	22.76	8.58	806063	18.72
Harbour	9.25	1279309	30.49	9.50	1268153	20.01
Ice	10.59	472573	24.64	10.40	469323	17.72
Mobile	8.32	1768771	36.17	8.29	1753381	19.80
Soccer	9.34	922527	23.42	10.61	902847	19.94

TABLE 2.1 : Résultats de chiffrement sélectif avec les méthodes [Shahid *et al.*, 2010] SE-CABAC et SE-CAVLC de neuf vidéos au format QCIF avec un facteur de quantification $QP = 18$ en mode *intra* sur une longueur totale de 100 trames. ES représente l'espace de chiffrement. Notons que l'ES varie autour de 25% pour la méthode SE-CALVC et 20% pour la méthode SE-CABAC. Les résultats en termes de PSNR sont quand à eux similaires entre les deux méthodes et varient autour des 9 dB.

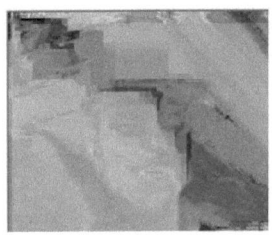

#0
PSNR : 13,33 dB

#10
PSNR : 11,24 dB

#20
PSNR : 13,01 dB

FIGURE 2.12 : Images de la séquence *foreman* au format QCIF avec un facteur de quantification $QP = 18$ en mode *intra* sélectivement chiffré avec la méthode SE-CAVLC [Shahid *et al.*, 2010]. Notons que le chiffrement sélectif de la méthode SE-CAVLC est beaucoup plus efficace que les méthodes précédemment vues pour les codeurs JPEG et JPEG2000 (voir figures 2.7, 2.8 et 2.9).

2.4. APPLICATIONS DU CHIFFREMENT SÉLECTIF AUX COMPRESSEURS D'IMAGES ET DE VIDÉOS   53

2.4.5 Chiffrement sélectif du standard H.265/HEVC

L'émergence du standard international H.265/HEVC a permis aux communautés scientifiques et industrielles de proposer des solutions pour garantir la confidentialité des vidéos codées avec H.265/HEVC. Ces solutions sont souvent développées à partir des méthodes proposées pour le codeur H.264/AVC. L'étude des méthodes de chiffrement sélectif du codeur H.265/HEVC permet de comprendre l'évolution des techniques de chiffrement sélectif en fonction du développement des nouvelles méthodes de codage.

Dans [Shahid et Puech, June 2013] le flux binaire H.265/HEVC est chiffré sélectivement. Il reste conforme au format et permet un chiffrement en temps réel. Dans cette méthode, le chiffrement sélectif est effectué sur les codes de Rice tronquées (TRp) et les codes exponentiel-Golomb (EG). Les suffixes EGk et TRp peuvent être chiffrés comme présenté dans la figure 2.13. Le chiffrement de ces deux suffixes de la binarisation des coefficients transformés (QTC) n'augmentera pas le débit binaire du flux vidéo compressé. Afin de chiffrer efficacement le mouvement qui est une partie essentielle dans la visualisation de vidéos, les informations de mouvement (MVD) sont chiffrées.

L'espace de chiffrement de cette méthode est constitué ainsi : les bits de signe des QTC, les suffixes des codes TRp, les suffixes des EG et les signes des MVD. Du point de vue du codeur entropique arithmétique CABAC, ces parties peuvent être chiffrées car elles utilisent le mode *bypass-BAC* et des contextes fixes. Les codes utilisant le mode *regular-BAC* ne peuvent pas être chiffrés à cause de la disparité des contextes entre le codeur et le décodeur. Les codes utilisant un *bypass-BAC* avec des contextes à longueurs variables ne peuvent pas être chiffrés non-plus.

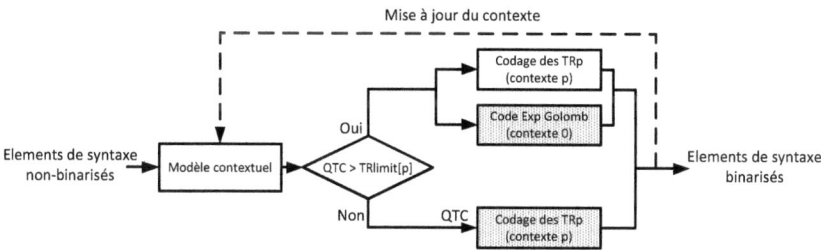

FIGURE 2.13 : Binarisation des QTC utilisant le RGE0. Le modèle de contexte est effectué pour le code de Rice tronqué. Le chiffrement sélectif effectué est représenté par les blocs gris [Shahid et Puech, June 2013]. La méthode de chiffrement est similaire à la méthode SE-CABAC [Shahid *et al.*, 2010] sur le codeur H.264/AVC.

Le codeur H.265/HEVC a été développé pour mettre en avant le concept de couche d'entropie : les modèles de contextes sont remis à zéro à chaque nouvelle couche d'entropie. Par conséquent, le chiffrement sélectif doit être effectué indépendamment sur chaque couche d'entropie. Le processus de chiffrement sélectif utilise AES en mode CFB, et il est effectué avant la compression par codage binaire arithmétique. La chaine de bits est préparée quand les éléments de syntaxes non-binarisés sont transformés dans le procédé de binarisation. Les bits chiffrables sont copiés dans un vecteur jusqu'à ce que le vecteur soit complètement rempli ou que la taille limite de la couche en cours de codage soit atteinte.

2.5 Conclusion

Le chiffrement sélectif d'images et de vidéos est devenu un sujet courant pour permettre une protection de média. Dans ce chapitre, nous avons décrit les méthodes nécessaires à la création d'un algorithme de chiffrement sélectif efficace pour les codecs : JPEG, JPEG2000, H.264/AVC et H.265/HEVC. Les algorithmes de chiffrement sélectifs présentés démontrent qu'un chiffrement sélectif de 20% des données compressées permet de conserver un degré de confidentialité adéquat.

Notons que le développement des algorithmes de compression d'images et de vidéos a permis de créer des chiffrements sélectifs de plus en plus efficaces. Cette particularité est due à la place prédominante des algorithmes de prédiction afin de pouvoir diminuer efficacement la taille des flux compressés. Ainsi, des petites portions de flux chiffrées ont un énorme impact sur les données décompressées. De plus, cela permet de réduire les ressources en calcul nécessaire au chiffrement.

Les perspectives de développement dans ces domaines sont multiples, mais deux d'entre elles sont cruciales. La première est d'étudier le niveau minimum d'espace de chiffrement pour permettre une confidentialité adéquate. La seconde est d'améliorer les systèmes de chiffrement sélectif pour qu'ils prennent en compte l'aspect perceptuel du chiffrement et qu'ils agissent sur le chiffrement en fonction des résultats perceptuels.

CHAPITRE

3

Evaluation de la qualité des images et des vidéos

Ce chapitre fait une description du fonctionnement du système visuel humain (SVH). Ainsi expliqué, il permet de comprendre le fonctionnement des mesures de qualité. Ce sont des outils mathématiques qui permettent de comparer objectivement une image traitée avec son originale. Dans la section 3.2, nous présentons le système visuel humain. Ensuite en section 3.3, nous détaillons les mesures de qualité usuelles et en particulier le SSIM qui est la mesure de qualité sur laquelle nous avons basé la majeure partie de nos contributions. Pour finir dans la section 3.4, nous présentons les enjeux de l'intégration du phénomène de scintillement dans les mesures de qualité temporelles.

3.1 Introduction

D'un coup d'œil, l'être humain peut dire si la vue d'une image ou d'une vidéo lui est plaisante à visionner. De même, l'être humain peut facilement comparer et noter la qualité d'une image et définir les dégradations que l'image ou la vidéo a subies. Le SVH possède un avis très critique et très sensible sur la qualité des images et des vidéos.

L'étude du fonctionnement du SVH est donc essentielle. Cela permet de développer des mesures qui seront corrélées au SVH afin de noter objectivement des images ou des vidéos traitées. Ainsi, cela permet d'éviter des études subjectives, avec des sujets d'expériences, qui sont des expérimentations longues et couteuses et qui nécessitent une organisation conséquente pour que les tests soient effectués de manière rigoureuse et identique pour chaque sujet.

Pour un affichage sur écran, à partir d'une synthèse de couleurs additives, les images sont affichées pixel par pixel sur une base de trois canaux de couleurs : rouge, vert et bleu. Habituellement, chacune des couleurs est codée sur un octet, donnant ainsi 256 variations possibles à chaque couleur et offrant ainsi un champ de couleurs de 16 777 216 possibilités.

Il existe bien entendu des profondeurs de couleurs plus ou moins abouties, comme les couleurs indexées, les niveau de gris ou le codage de chaque couleur sur 10 bits ou 12 bits (voir plus).

L'enjeu est de lier une mesure mathématique entre les matrices de pixels et le SVH. Pour cela, la littérature propose différentes méthodes pour aborder le sujet, où l'objectif est de trouver sur quels axes le SVH est le plus sensible dans une liste non-exhaustive : la couleur, les fréquences spatiales, les textures, les régions d'intérêts, les déformations localisés ou les déformations générales. De plus, notons que la mesure peut être aussi dépendante du contexte d'application, comme dans un cas de vidéo de haute qualité ou d'une vidéo chiffrée.

Il existe deux types de mesures de qualité : les mesures de qualité avec référence, et les mesures de qualité sans référence. Le premier type, les mesures de qualité avec référence, est l'ensemble de mesures de qualité qui vont comparer l'image traitée à l'image originale en lui attribuant une note. L'objectif étant de savoir si l'image traitée est très proche ou très éloignée de l'image originale pour définir la qualité. Le second type, les mesures de qualité sans référence, est l'ensemble des mesures de qualité qui ne compare pas l'image traitée à l'image originale. Les mesures de qualité sans référence se concentrent uniquement sur l'image traitée, et soulignent les caractéristiques intrinsèques de l'image qui permettent d'évaluer sa qualité.

Dans nos contributions, nous utilisons uniquement les mesures de qualité avec référence. En effet, dans nos méthodes de chiffrement sélectif, la variation de qualité est large, allant d'une forte à une faible confidentialité visuelle. Les mesures avec référence permettent de mieux répartir les différentes notes suivant la force du chiffrement sélectif proposé. Notons que les mesures avec référence sont les plus répandues dans la littérature pour comparer les différentes méthodes de chiffrement sélectif.

3.2 Le système visuel humain et la colorimétrie

Cette section détaille le SVH et son fonctionnement. Dans la section 3.2.1, nous présentons en détail le fonctionnement du SVH. Un aperçu des principaux espaces de couleur et de leur calcul est présenté dans la section 3.2.2. L'étude du SVH permet de mieux comprendre et appréhender l'application d'un chiffrement sélectif et l'utilisation des mesures de qualité.

3.2.1 L'oeil

L'œil humain est l'organe permettant à l'homme d'utiliser son sens le plus développé : la vue. Le globe oculaire est de forme sphérique avec un diamètre de 23 mm environ. L'œil fonctionne comme un appareil photographique, il est ainsi composé : d'un objectif, le cris-

3.2. LE SYSTÈME VISUEL HUMAIN ET LA COLORIMÉTRIE

tallin ; d'un diaphragme, l'iris ; d'une chambre noire, l'intérieur de l'œil ; d'une plaque sensible, la rétine comme illustrée figure 3.1.

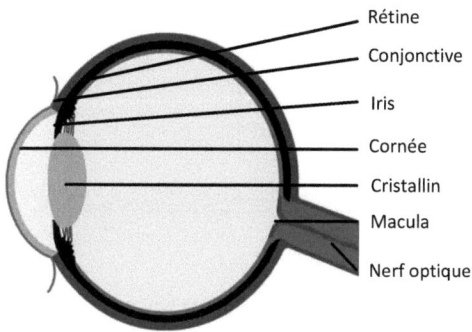

FIGURE 3.1 : Coupe de l'oeil humain avec ses principaux composés.

Le cristallin agit comme une lentille épaisse qui concentre les rayons lumineux sur la rétine. Ainsi, une image inversée est obtenue, la partie nette est localisée dans la partie centrale de la rétine : la fovéa, où les récepteurs sont beaucoup plus importants que dans les régions périphériques. La rétine est une membrane jaunâtre et transparente, très fragile. La rétine est très sensible grâce à deux sortes de cellules photosensibles : les bâtonnets et les cônes. Ce sont des récepteurs de lumière reliés par des neurones bipolaires et multipolaires qui sont des cellules de transmission des influx nerveux au nerf optique.

Les bâtonnets sont des cellules de forme allongée, sensibles à la lumière, colorées en rose. Il y a environ 120 millions de bâtonnets par œil, ils sont utilisés pour la vision scotopique (à faible luminance). Ils sont achromatiques et ne distinguent donc pas les couleurs. Ils se trouvent principalement dans les zones perifovéales et périphériques de la rétine, répartis de façon régulière.

Les cônes sont des cellules photosensibles de dimensions et de formes variables. Il y a environ 7 millions de cônes, ils sont utilisés en vision photopique (luminance élevée) et sont chromatiques. Ils sont principalement concentrés au niveau de la fovéa et se raréfient en périphérie. La figure 3.2 illustre la répartition sur la rétine des cônes et des bâtonnets suivant une coupe horizontale de l'œil.

Les cônes sont divisés en trois types, chaque type étant sensible à différentes longueurs d'onde du spectre visible. Les trois pigments ont ainsi une valeur d'absorption maximale autour de 445 nm (bleu), 535 nm (vert) et 575 nm (rouge). Les intervalles de sensibilité des cônes se croisent afin de permettre une vision continue non-linéaire du spectre visible illustré figure 3.3. La sensibilité maximale est de 683 lumens à une longueur d'onde de 555 nm (jaune).

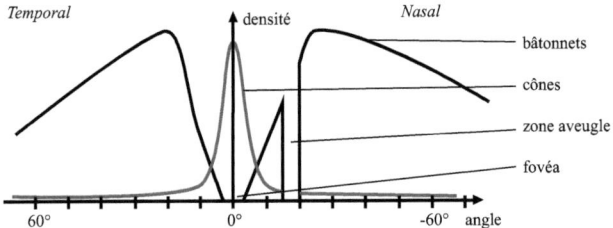

FIGURE 3.2 : Répartition spatiale des photorécepteurs sur la rétine (coupe horizontale). Notons que les zones de densité des cônes et des bâtonnets sont bien distinctes. Les cônes étant réparti sur la fovéa, ils permettent une réception optimale des couleurs.

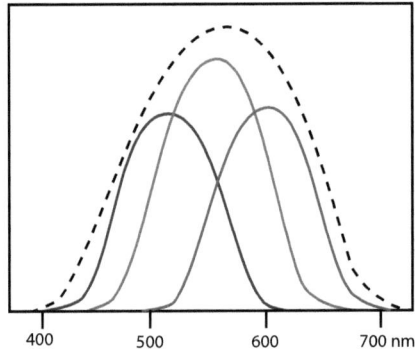

FIGURE 3.3 : Spectre du visible représenté par les trois zones d'absorption des différents cônes. Les bleus ont les longueurs d'ondes les plus courtes ($\lambda \simeq 500nm$) et les rouges les plus élevés ($\lambda \simeq 650nm$). Le spectre du visible est situé entre les ultraviolets ($\lambda < 400nm$) et les infrarouges ($\lambda > 700nm$).

3.2. LE SYSTÈME VISUEL HUMAIN ET LA COLORIMÉTRIE

3.2.2 Le visible

La lumière est une onde électromagnétique qui se propage dans l'espace et le temps. Elle a une célérité c de 300 000 km/s dans le vide. Elle est caractérisée par une longueur d'onde λ qui est le trajet parcouru pendant une période et une fréquence f tel que $\lambda = c/f$. Les longueurs du visible sont la bande entre 400 nm et 700 nm, avec une répartition des couleurs par longueurs d'ondes décroissantes : rouge, jaune, vert, cyan, bleu, magenta, les couleurs du visibles sont illustrées figure 3.4.

FIGURE 3.4 : Spectre des couleurs du visible.

La capacité à voir les différents niveaux de luminance dans une image statique est mesurée par la fonction de sensibilité au contraste (CSF, en anglais *Contraste Sensivity Function*). La figure 3.5 illustre une fonction de sensibilité au contraste. Dans cette image, l'amplitude au contraste ne dépend que de la coordonnée verticale, tandis que la fréquence spatiale dépend de la coordonnée horizontale. Notons que dans les fréquences moyennes, l'œil est plus sensible que dans les cas de hautes ou basses fréquences pour détecter la fluctuation sinusoïdale.

FIGURE 3.5 : Fonction de sensibilité au contraste. Notons que les contrastes sont plus facilement identifiables dans la zone centrale de la figure.

60 CHAPITRE 3. EVALUATION DE LA QUALITÉ DES IMAGES ET DES VIDÉOS

Notons que le SVH est aussi sensible au contraste, et que son impression peut être faussée à cause de ce dernier. La figure 3.6 décrit cette sensibilité à la luminance relative à cause de la zone environnante dans L1 le carré central paraît plus clair que dans L4 alors que les carrés centraux ont tous le même niveau de gris.

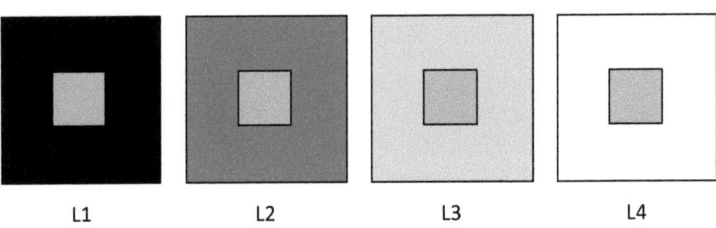

FIGURE 3.6 : Sensibilité de la luminance en fonction du contraste. Dans les quatre exemples le carré central a exactement le même niveau de gris.

La chaîne de traitement de la vue se fait par le schéma synoptique décrit figure 3.7. Dans la rétine, les trois informations de couleurs sont captées par les cônes, l'image est en deux dimensions pour chaque œil (trois dimensions en combinant les deux yeux). Les informations de couleurs sont intégrées spectralement et temporellement (cela équivaut au temps que les capteurs biologiques assimilent les informations). Ces informations sont ensuite transmises au cerveau par le nerf optique. Le nerf optique est un nerf centripète composé d'environ 1,2 million de fibres nerveuses qui transportent l'information de la rétine au cortex visuel situé dans le lobe occipital du cerveau. Le cortex visuel analyse sous trois composantes : la composante Rouge-Vert, la composante Bleu-Jaune et la composante la luminance.

3.2. LE SYSTÈME VISUEL HUMAIN ET LA COLORIMÉTRIE

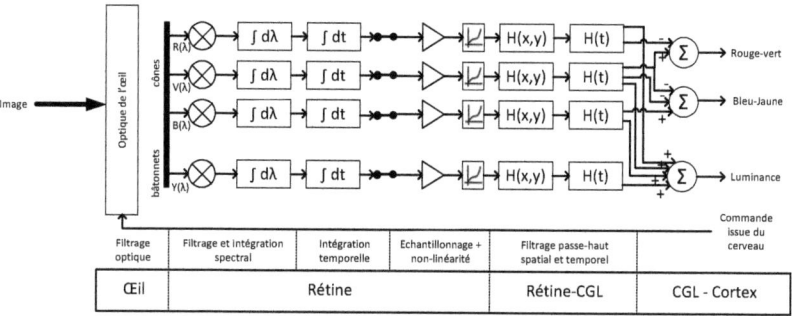

FIGURE 3.7 : Schéma synoptique simplifié du traitement couleur. Notons qu'en bout de chaîne de traitement les couleurs sont analysés en trois canaux : rouge-vert, bleu-jaune et luminance. Ces trois canaux sont très similaires aux trois canaux de l'espace couleur YUV présenté par l'équation 3.1.

Les espaces couleurs

Les espaces de couleurs permettent de coder de manières différentes les couleurs du visible. Il est difficile de coder l'intégralité des couleurs dans un espace de couleurs, mais néanmoins chacun d'eux permet d'en coder une grande partie. Certains permettent d'augmenter les capacités de compressions des codeurs d'images et de vidéos. D'autres, permettent de mettre en avant des caractéristiques intrinsèques des images afin de mieux évaluer la qualité visuelle des images traitées. L'image 3.8 illustre le triangle des couleurs de Maxwell qui permet de représenter un espace de couleurs au sein de l'ensemble des couleurs visibles par le SVH.

L'espace de couleurs Rouge Vert Bleu (RGB, en anglais *Red Green Blue*), est un format de codage des couleurs. Il est basé sur ces trois couleurs primaires de la synthèse additive, qui additionnées ensemble donnent du blanc. Par ailleurs, elles correspondent relativement bien aux longueurs d'ondes des trois types de cônes de l'œil humain. C'est l'espace de couleurs qui est le plus utilisé pour les écrans et les logiciels d'imagerie. La figure 3.9 illustre les trois canaux de couleurs rouge, vert et bleu d'une image.

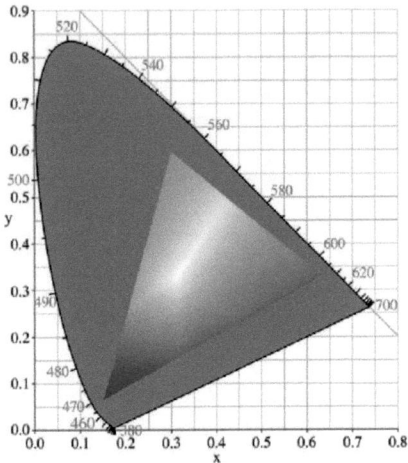

FIGURE 3.8 : Triangle des couleurs de Maxwell avec l'espace de couleurs RGB représenté à l'intérieur. Notons que l'espace de couleurs RGB ne représente pas l'intégralité des nuances de couleurs.

FIGURE 3.9 : Canaux rouge, vert et bleu d'une image de la séquence *foreman*. Nous pouvons remarquer que les trois canaux de couleurs présentent la même quantité d'information, ceci est en contraste avec l'espace de couleur YUV illustré figure 3.10.

3.2. LE SYSTÈME VISUEL HUMAIN ET LA COLORIMÉTRIE

L'espace de couleurs YUV est un espace de couleurs séparé en trois composantes : Y représente la luminance, et, U et V représentent les deux chrominances. Les valeurs du signal YUV sont calculées à partir des valeurs de la source en RGB. La luminance Y est calculée à partir des canaux R, G et B avec un poids relatif par canal, et les signaux U et V sont calculés à partir de la luminance Y en soustrayant respectivement le bleu et le rouge :

$$\begin{aligned} Y &= 0,299 \times R + 0,587 \times G + 0,114 \times B \\ U &= -0.14713 \times R - 0.28886 \times G + 0.436 \times B \\ V &= 0.615 \times R - 0.51498 \times G - 0.10001 \times B \end{aligned} \quad (3.1)$$

L'espace de couleurs YUV est très utilisé en compression d'images et de vidéos car il permet de sous-échantillonner les deux canaux de chrominance. Ceux-ci sont moins porteurs d'information que la luminance. La figure 3.10 illustre l'information portée par chaque canal. L'espace de couleurs YCbCr est très semblable à l'espace de couleurs YUV :

$$\begin{aligned} Y &= 0,299 \times R + 0,587 \times G + 0,114 \times B \\ Cb &= -0.1687 \times R - 0.3313 \times G + 0.5 \times B + 128 \\ Cr &= 0.5 \times R - 0.4187 \times G - 0.0813 \times B + 128 \end{aligned} \quad (3.2)$$

La différence entre les deux est que YUV est un espace de couleurs utilisé pour les méthodes analogiques, alors que YCbCr est le nouvel espace de couleurs utilisé pour les vidéos numériques.

FIGURE 3.10 : Canaux Y, U et V, respectivement de gauche à droite, d'une image de la séquence *foreman*. Notons que la luminance (Y) est porteuse de la majeure partie de l'information visuelle.

L'espace de couleur HSV est basé sur trois composantes, la teinte, la saturation et l'intensité (*Hue, Saturation, Value* en anglais). La teinte est codée sur un cercle. Il lui est attribué un angle (normalisé sur [0 100]) suivant l'ordre chromatique (0° rouge, 60° jaune, 120° vert, 180° cyan, 240° bleu et 300° magenta). La saturation représente l'intensité de la couleur, plus elle sera faible plus la couleur sera terne et grisée, et plus elle sera élevée plus la couleur sera "pure". La saturation est aussi normalisée sur [0 100]. L'intensité est la brillance de la couleur, elle aussi normalisée sur [0 100]. Le 0 correspond à la couleur noire et à 100 il n'y a aucun obscurcissement de la couleur. La figure 3.11 illustre l'espace de couleur représenté par le système SVH.

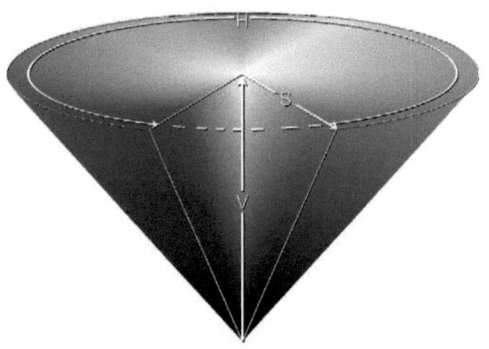

FIGURE 3.11 : Représentation visuelle de l'espace couleur SVH.

Le passage de l'espace de couleurs RGB à l'espace de couleurs SVH est défini par :

$$h = \begin{cases} 0, & \text{si} \max = \min, \\ (60° \times \frac{g-b}{max-min} + 360°) \mod 360°, & \text{si} \max = r, \\ 60° \times \frac{b-r}{max-min} + 120°, & \text{si} \max = g, \\ 60° \times \frac{r-g}{max-min} + 240°, & \text{si} \max = b, \end{cases}$$
$$s = \begin{cases} 0, & \text{si} \max = 0 \\ 1 - \frac{min}{max}, & \text{sinon} \end{cases}$$
$$v = \max$$

(3.3)

avec h, s et v, les résultats respectifs de la teinte, la saturation et l'intensité ; r, g, et b les valeurs de canaux respectifs de l'espace de couleurs RGB, max et min les valeurs respectivement maximum et minimum des trois canaux.

L'espace CIE L*a*b* est un espace de couleurs développé par la Commission Internationale de l'Eclairage (CIE) en 1976 [Hunt, 1998]. Il est caractérisé par une luminance L et deux chrominances a et b. L'espace de couleurs L*a*b* a d'ailleurs été conçu pour que les distances entre les couleurs correspondent à celles perçues par l'œil humain. La composante L* est la clarté, elle est définie sur [0 100] du noir au blanc. La composante a* représente

3.2. LE SYSTÈME VISUEL HUMAIN ET LA COLORIMÉTRIE

une variation de 600 niveaux de couleurs sur l'axe vert-rouge sur. Elle est codée entre -300 et 299 avec le gris à 0. La composante b* représente, elle aussi, une variation de 600 niveaux de couleurs sur l'axe jaune-bleu avec le gris à 0 également. Les axes de chrominances sont souvent redéfinis sur $[-128\ 127]$ afin de pouvoir être codés sur un octet. Le passage de l'espace de couleurs RGB à l'espace de couleurs L*a*b se décrit ainsi : tout d'abord les valeurs R, G et B sont converties en valeur X, Y, Z de l'espace CIE XYZ :

$$X = 0,618 \times R + 0,177 \times G + 0,205 \times B$$
$$Y = 0,299 \times R + 0,587 \times G + 0,114 \times B \quad (3.4)$$
$$Z = 0,056 \times G + 0,944 \times B$$

Ensuite les valeurs L*, a* et b* sont calculées :

$$L = \begin{cases} 116 \sqrt[3]{(\frac{Y}{Y_n})} - 16, \text{ si } \frac{Y}{Y_n} > 0,008856, \\ 903,31 \frac{Y}{Y_n}, \text{ si } \frac{Y}{Y_n} \leq 0,008856, \end{cases}$$
$$a = 500 \left(f(\frac{X}{X_n}) - f(\frac{Y}{Y_n}) \right) \quad (3.5)$$
$$b = 200 \left(f(\frac{Y}{Y_n}) - f(\frac{Z}{Z_n}) \right)$$

avec $f(t) = \sqrt[3]{t}$ si $t > 0,008856$ ou $f(t) = 7,7787t + \frac{16}{116}$ si $t \leq 0,008856$. X_n, Y_n et Z_n correspondent au blanc décrit dans l'espace XYZ et sont calculés pour RGB $= (255, 255, 255)$. La figure 3.12 illustre les canaux à l'espace de couleurs L*a*b*.

FIGURE 3.12 : Canaux L*, a* et b*, respectivement de gauche à droite, d'une image de la séquence *foreman*. Notons que de manière similaire à l'espace YUV illustré figure 3.10, la luminance (L) est porteuse de la plus grande partie de l'information visuelle.

L'espace de couleurs CMYK (cyan, magenta, jaune, noir en anglais *cyan, magenta, yellow, key*) est un espace de couleurs quadrichromique basé sur les trois couleurs primaires de synthèse soustractive (cyan, magenta et jaune). Il est principalement utilisé pour les procédés d'imprimerie, car il permet de reproduire un large spectre colorimétrique. Le noir est utilisé pour effectuer les assombrissements et les niveaux de gris. Le passage de

66 CHAPITRE 3. EVALUATION DE LA QUALITÉ DES IMAGES ET DES VIDÉOS

l'espace de couleurs RGB à l'espace de couleurs CMYK se fait en deux étapes, tout d'abord c, m et y sont calculés par :

$$\begin{aligned} c &= 1-R, \\ m &= 1-V, \\ y &= 1-B, \end{aligned} \quad (3.6)$$

puis les valeurs C, M, Y et K par :

$$K = \min(c, m, y),$$
$$\text{si } K = 1 \begin{cases} C = 0, \\ M = 0, \\ Y = 0, \end{cases} \quad (3.7)$$
$$\text{sinon} \begin{cases} C = c - K, \\ M = m - K, \\ Y = y - K. \end{cases}$$

La figure 3.13 illustre les quatre canaux de l'espace de couleurs CMYK.

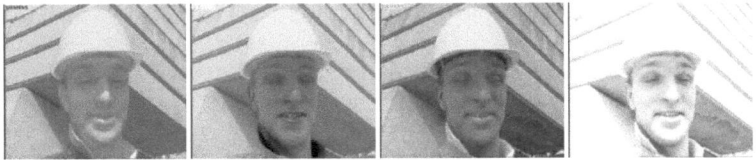

FIGURE 3.13 : Canaux C, M, Y et K, respectivement de gauche à droite, d'une image de la séquence foreman.

3.3 Mesures de qualité

Cette section décrit la majorité des mesures de qualité, tels que le PSNR, le wPSNR, le WSNR, l'UIQI, le C4, la SVD et le SSIM.

3.3.1 Le Ratio Pic Signal à Bruit (PSNR)

Le Ratio Pic Signal à Bruit [Avcibas *et al.*, 2002] (PSNR, en anglais *Peak-Signal-to-Noise-Ratio*), est une des plus anciennes et plus robustes méthodes pour mesurer la qualité entre une image traitée et une image originale. Il est basé sur l'Erreur Quadratique Moyenne (MSE, en anglais *Mean Square Error*), c'est à dire la moyenne du carré de la différence mesurée entre chaque pixels respectifs des deux images à comparer. La dynamique du signal

3.3. MESURES DE QUALITÉ

notée L_{max} (généralement 255 quand la couleur du pixel est codée sur 8 bits), est la variation maximale de la valeur que peut prendre un pixel, par exemple 0 pour le noir et 255 pour le blanc, dans un cas de variation de niveau de gris. L'image originale est notée I_o et l'image traitée I_t. La résolution des deux images, représentée par N·M, doit être la même pour que le calcul puisse être effectué. La définition du PSNR est :

$$\text{PSNR} = 10 \cdot \log_{10} \left\{ \frac{L_{max}^2}{\text{MSE}} \right\}, \tag{3.8}$$

avec l'erreur quadratique moyenne (MSE) définie par :

$$\text{MSE} = \frac{\sum_{i=1}^{N} \sum_{j=1}^{M} (I_o(i,j) - I_t(i,j))^2}{N \cdot M}. \tag{3.9}$$

Le PSNR et ses mesures dérivées se mesurent en décibels (dB). La qualité est définie ainsi : au dessus de 50 dB, l'image traitée est quasiment identique à l'image originale ; entre 30 dB et 50 dB, l'image traitée est de bonne qualité ; entre 20 dB et 30 dB, l'image traitée est de mauvaise qualité ; en dessous de 20 dB, l'image traitée est fortement dégradée. Cette dégradation peut être due à plusieurs facteurs, par exemple, un chiffrement. Suite à des expériences subjectives que nous avons effectués au sein du laboratoire et aux résultats publiés dans la littérature [Uhl et Pommer, 2005], une image peut être considérée comme protégée visuellement entre 10 dB et 15 dB. Nous fixerons ce seuil à 13 dB pour nos expérimentations.

3.3.2 Ratio Pic Signal à Bruit Pondéré (wPSNR)

Le Ratio Pic Signal à Bruit Pondéré (wPSNR, en anglais *Weighted Peak Signal-to-Noise Ratio*) utilise un paramètre additionnel au PSNR : la Fonction de Visibilité Bruitée (NVF, en anglais *Noise Visibility Function*) qui est un masque de texture. Le modèle habituel de la NVF est un modèle gaussien qui permet d'estimer le nombre de textures différentes dans une image. La valeur de la NVF est proche de zéro si l'image est très texturée et proche de 1 si elle contient de grandes surfaces lisses. Le wPSNR est caculé suivant l'équation 3.10.

$$w\text{PSNR} = 10 \cdot \log_{10} \frac{L_{max}^2}{\text{MSE} \times \text{NVF}} \tag{3.10}$$

3.3.3 Ratio Signal à Bruit Pondéré (WSNR)

Le Ratio Signal à Bruit Pondéré [Li *et al.*, 2010] (WSNR, en anglais *Weights Signal-to-Noise Ratio*) est une mesure basée sur une distance spectrale grâce à l'utilisation de la transformée de fourrier discrète pour la quantification des différences entre l'image traitée et l'image originale. Le WSNR a été développé afin de mettre en avant la CSF du SVH. Le WSNR est défini, pour une image de résolution M × N pixels, par :

$$WSNR = 10 \cdot \log_{10}(\frac{\sum_{u,v}|X(u,v) \cdot C(u,v)|^2}{\sum_{u,v}|X(u,v) - Y(u,v) \cdot C(u,v)|^2}), \quad (3.11)$$

avec $X(u,v)$, $Y(u,v)$, et $C(u,v)$ qui représentent respectivement les transformées de fourrier discrètes de l'image originale, de l'image traitée et de la CSF ; $0 \leq u \leq M-1$ et $0 \leq v \leq N-1$.

3.3.4 Index Universel de Qualité d'Image (UIQI)

L'Index Universel de Qualité d'Image (UIQI, en anglais *Universal Image Quality Index*) [Wang et Bovik, 2002] a été conçu pour modéliser chaque distorsion d'une image par une combinaison de trois facteurs : la perte de corrélation, la distorsion de la luminance et la distorsion de la chrominance. Le UIQI est calculé par :

$$Q = \frac{4 \cdot \sigma_{xy} \cdot \mu_x \cdot \mu_y}{(\sigma_x^2 + \sigma_y^2)(\mu_x^2 + \mu_y^2)} \quad (3.12)$$

avec $\mu_x = \frac{1}{N}\sum_{i=1}^{N} x_i$; et $\mu_y = \frac{1}{N}\sum_{i=1}^{N} y_i$, qui sont les moyennes respectives de l'image originale et de l'image traitée. $\sigma_x^2 = \frac{1}{N-1}\sum_{i=1}^{N}(x_i - \mu_x)^2$, la variance de l'image originale et $\sigma_y^2 = \frac{1}{N-1}\sum_{i=1}^{N}(y_i - \mu_x)^2$ la variance de l'image traitée. La quantité $\sigma_{xy} = \frac{1}{N-1}\sum_{i=1}^{N}(x_i - \mu_x)^2(y_i - \mu_x)^2$ est la covariance entre l'image originale et l'image traitée. Le calcul de Q donne un résultat sur $[-1\ 1]$. Si $Q = 1$ l'image traitée est parfaitement identique à l'image originale, $Q = 0$ les deux images sont décorrélées et si $Q = -1$ les images sont parfaitement anti-corrélées.

3.3.5 Simililarité Moyenne d'Angle (C4)

La Similarité Moyenne d'Angle (C4, en anglais *Mean Angle Similarity*) [Carnec et al., 2008] est une mesure basée sur la corrélation entre l'image traitée et l'image originale. Le C4 cherche des similarités d'angles de pixels entre les deux images. En effet, des images similaires auront des angles orientés dans les même directions et ils peuvent être utilisés pour mesurer la qualité de l'image :

$$C4 = 1 - \frac{1}{N}\sum_{i=1}^{N}\sum_{j=1}^{M}(\frac{2}{\pi}\cos^{-1}\frac{\langle I_x(i,j), I_y(i,j)\rangle}{\|I_x(i,j), I_y(i,j)\|}). \quad (3.13)$$

3.3.6 Décomposition en Valeurs Singulières (SVD)

La Décomposition en Valeurs Singulières (SVD, en anglais *Singular Value Decomposition*) [Shnayderman et al., 2006] de la matrice de pixels d'une image en niveaux de gris peut être utilisée pour mesurer la distorsion des images. Toute matrice réelle A peut être décomposée en un produit des trois matrices tel que $A = U \times S \times V^T$, où U et V sont des matrices orthogonales, $U^T \times U = I$, $V^T \times V = I$ et $S = diag(s1, s2, ...)$. Les valeurs sur la diagonale de S sont les valeurs singulières de A, les colonnes de U sont les vecteurs singuliers à gauche de A, les colonnes de V sont les vecteurs singuliers à droite de A. L'ensemble de cette décomposition est appelé la SVD de A. Cette SVD peut en conséquent être appliquée à une image en niveau de gris, sur l'image totale pour avoir une mesure globale, ou sur une division en blocs (e.g. 8×8) pour mesurer une erreur locale, ou bien faire une moyenne d'erreurs locales sur une image entière. Les équations 3.14 puis 3.15 permettent de calculer respectivement la différence de valeurs singulières Di pour un bloc puis la moyenne $MSVD$ des Di afin de donner une mesure de qualité entre les deux images.

$$Di = \sqrt{\sum_{i=1}^{n}(s_i - \hat{s}_i)^2}, \quad (3.14)$$

où s_i sont les valeurs singulières du bloc original, $\hat{s}_i$ sont les valeurs singulières du bloc traité, et k la taille du bloc défini. Si l'image est de taille $N \times N$ il y a $(N/k) \times (N/k)$ blocs.

$$MSVD = \frac{\sum_{i=1}^{(N/k)\times(N/k)} |D_i - D_{mid}|}{(N/k) \times (N/k)}, \quad (3.15)$$

où $Dmid$ est le point médian des valeurs Di.

3.3.7 Similarité Structurelle (SSIM)

Cette section décrit en détail la Similarité Structurelle (SSIM, en anglais *Structural SIMilarité*) [Wang et al., 2004] qui est une des mesures les plus performantes à l'heure actuelle et que nous avons fortement utilisée dans nos contributions.

Description

Le SSIM est une version améliorée de l'UIQI [Wang et Bovik, 2002]. Le SSIM a été développé sur le fait empirique que le SVH est conçu pour repérer les informations structurelles d'une scène, ainsi une mesure basée sur l'information structurelle serait d'autant plus corrélée avec le SVH [Seshadrinathan et al., 2010]. Le SSIM excelle pour les analyses d'images de haute qualité, où les variations sont souvent faibles et très localisées avec une forte inter-dépendance des pixels. Sa précision en haute qualité fait qu'il est un candidat aux futurs développements d'algorithmes de compression débit-distorsion. Sa formulation mathématique, basée sur une covariance couplée avec la moyenne et la variance des signaux de l'image originale et de l'image traitée. Ainsi, il peut être facilement adapté à des types de signaux différents, en revanche il est couteux en calculs à cause du calcul de cette même covariance. Pour mesurer la qualité de vidéos, le SSIM est généralement appliqué sur chaque trame et les conclusions sont fondées sur la moyenne et la variance de SSIM de l'ensemble de la vidéo. Sa notation mathématique est décrite par :

$$\text{SSIM} = \frac{(2\mu_{I_o}\mu_{I_r}+c_1)(2\text{cov}_{I_o I_r}+c_2)}{(\mu_{I_o}^2+\mu_{I_r}^2+c_1)(\sigma_{I_o}^2+\sigma_{I_r}^2+c_2)}, \qquad (3.16)$$

avec μ_{I_o} et μ_{I_r} les moyennes respectives de l'image originale et de l'image traitée, σ_{I_o} et σ_{I_r} les écarts types respectifs des deux images, cov la covariance entre les deux images, et, c_1 c_2 deux variables qui stabilisent la division quand les valeurs des numérateurs et des dénominateurs tende vers zéro. Le couple (c_1,c_2) prend souvent les valeurs respectives de 0,01 et de 0,03.

Le SSIM se mesure entre -1 et 1. Une valeur à 1 représente une image traitée identique à l'image originale, une valeur à -1 une image traitée entièrement anticorrélée à l'image originale et une valeur à 0 une image traitée décorrélée à l'image originale. Ensuite, la qualité est définie ainsi : au dessus de 0,99, l'image traitée est quasiment identique à l'image originale ; entre 0,95 et 0,99, l'image traitée est de bonne qualité ; entre 0,8 et 0,95, l'image traitée est de mauvaise qualité ; en dessous de 0,8, l'image traitée est fortement dégradée. Suite à des expériences subjectives que nous avons effectués au sein du laboratoire, une image peut être considérée comme protégée visuellement en dessous de 0,6, seuil que nous utiliserons pour nos expérimentations.

Utilisations spécialisés du SSIM

Le SSIM est la mesure de similarité la plus utilisée actuellement pour sa précision dans les mesures de haute qualité. C'est pour cela qu'elle a vite été adaptée à des problèmes spécifiques.

Le SSIM Multi-tailles (MS-SIM, en anglais *MultiScale SSIM*) [Wang et al., 2003] est une extension du SSIM. Il intègre dans son développement les variations des conditions de visualisation dans le calcul, ce qui permet d'offrir une adaptabilité accrue pour les images fixes. Les paramètres MS-SSIM peuvent être réglés en fonction de l'importance relative des différentes échelles de l'image.

Le SSIM à Ondelettes Complexes (CW-SSIM, en anglais *Complex Wavelets SSIM*) [Wang et Simoncelli, 2005] a été développé afin d'être insensible aux variations de luminances, de contrastes et de translations spatiales. Le CW-SSIM mesure les changements des transformées locales en ondelettes, en termes d'amplitude et de phase, pour mesurer les distorsions. Cette méthode est très robuste aux faibles distorsions mais devient moins précise pour les distorsions non-géométriques et les larges déplacements.

3.4. LE SCINTILLEMENT

Le SSIM_SIFT [Decombas et al., 2012] combine le SSIM à des points caractéristiques invariants par changement d'échelle (SIFT points, en anglais *Scale-Invariant Feature Transform points*). Cette méthode permet d'évaluer les distorsions qui ne préservent pas les positions et/ou les formes des objets d'une image.

La Similarité Structurelle de Textures (STSIM, en anglais *Structural Texture SIMilarity*) [Zujovic et al., 2009] a été développée afin d'améliorer la mesure des images fortement texturées. Le STSIM utilise les corrélations intra- et inter-bandes combinées aux compositions de couleur pour calculer sa mesure. Notons que l'ensemble de ces mesures spécifiques ne prennent pas en compte l'aspect temporel si la qualité d'une vidéo doit être mesurée.

3.4 Le scintillement

Cette section présente le phénomène de qualité et ses effets sur la confidentialité visuelle des vidéos. La section 3.4.1 définit le scintillement et la section 3.4.2 discute de sa place au sein de la qualité visuelle des vidéos. La mesure du scintillement serra une de nos contributions dans ce manuscrit de thèse.

3.4.1 Définition

Le phénomène de scintillement est un problème qui perturbe l'observation d'une vidéo dans le temps. Le scintillement est défini par une différence moyenne élevée entre deux images successives ainsi qu'une non-corrélation entre ces deux images successives. De plus, pour être réellement marqué, ce scintillement doit se produire sur une durée suffisamment longue de la vidéo. En se basant sur les temps d'interprétation du cerveau humain, la durée suffisante pour que le système humain soit perturbé par un scintillement doit être supérieur à 40ms [Watson, 1986]. C'est le temps maximum pour qu'une succession d'images devienne discontinue. Visuellement, l'enchaînement des images est perturbé à cause de la différence et de la non-corrélation des images successives qui ne paraissent plus "continues" entre elles. Le scintillement peut être dû à une mauvaise qualité de vidéo, une mauvaise compression, ou à un traitement particulier de la vidéo (chiffrement, tatouage, etc...). Ce phénomène peut aussi apparaitre à cause des outils de diffusion, par exemple à cause de perturbations électromagnétiques, mais nous ne traiterons pas ces problèmes physiques purement matériels.

Des méthodes on été proposées pour réduire le scintillement de la vidéo dû aux algorithmes de compression. Une méthode de post-traitement est présentée dans [Kuszpet et al., 2007] pour réduire la discontinuité entre les trames de la vidéo. Cette méthode est basée sur une compensation du mouvement. Dans d'autres méthodes [Kanumuri et al., 2008; Song et Chun, 2005], le scintillement est considéré et traité comme un bruit. Les méthodes proposées le diminue grâce à un traitement par filtres. Dans [Chebbo et al., 2010] un procédé à base de blocs est présenté afin de faire une évaluation objective. Chaque bloc dans une trame donnée est classé par rapport à son bloc co-localisé. De cette manière, les blocs sont codés afin de minimiser les écarts de valeur entre les trames et diminuer le scintillement.

Une autre étude a analysé les variations de qualité durant le visionnage d'une vidéo [Chikkerur et al., 2011]. Différentes mesures de qualité sont utilisées en termes de moyenne et d'écart type. Cependant, le scintillement n'est pas intégré dans cette méthode d'analyse.

3.4.2 Analyse pour la confidentialité

Le phénomène de scintillement apparaît souvent dans des séquences vidéo chiffrées et il permet de perturber grandement la qualité visuelle. En effet, plus la vidéo scintille avec de grands changements et des clignotements, plus elle devient difficilement visionnable. Cet effet visuel temporel est donc essentiel pour préserver la confidentialité visuelle du contenu.

La figure 3.14 présente quatre trames successives d'une séquence vidéo codée, et la figure 3.15 illustre la variation de la luminance d'un pixel de la séquence vidéo par rapport au numéro de trame. Notons qu'il existe de fortes variations (plus de 100 niveaux de gris) entre chaque image. Ce phénomène est très gênant pour un observateur, en particulier lorsque la vidéo est lue avec une fréquence d'au moins 25 images par seconde qui correspond à la fréquence minimum pour que le SVH perçoive une séquence vidéo en continue.

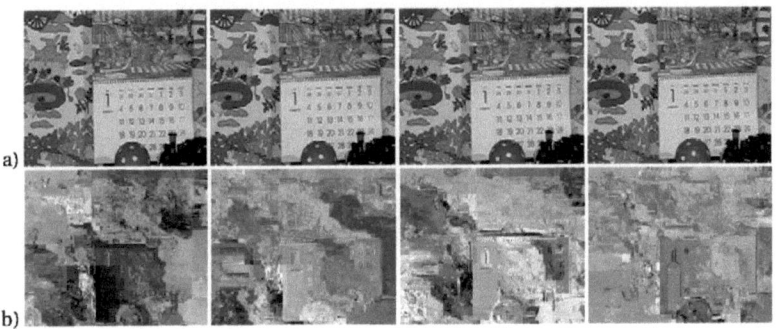

FIGURE 3.14 : a) Quatre trames successives de la séquence vidéo *mobile*, b) Trames respectives sélectivement chiffrées. Nous pouvons remarquer que les quatre images sont très distinctes en termes de couleurs alors que les images originales sont très semblables.

3.4. LE SCINTILLEMENT

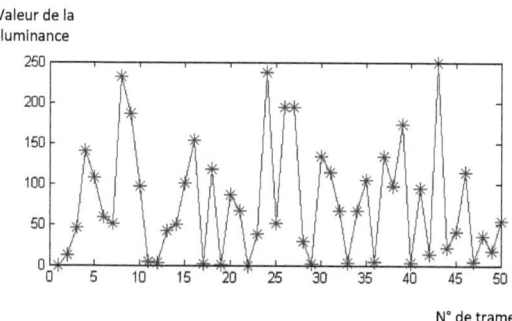

FIGURE 3.15 : Évolution de la luminance d'un pixel de la séquence vidéo chiffrée *mobile* en fonction du numéro de trame. Notons les fortes variations entre les différentes trames, plus la différence est grande plus la vidéo est perturbante à observer.

La figure 3.16 illustre les différences entre des trames successives originales et les même trames respectivement chiffrées. Notons que la différence entre les trames chiffrées successives est très aléatoire. Dans ce cas le scintillement sera très fort, car la différence entre les trames est élevée : une différence de 141.94 en moyenne entre les pixels les trames successives chiffrées, en comparaison avec une différence $3,99$ en moyenne. Un bon chiffrement devra donc donner de grandes variations entre des trames successives. De plus, ces variations devront être le plus décorrélées entre elles à chaque nouvelle trame.

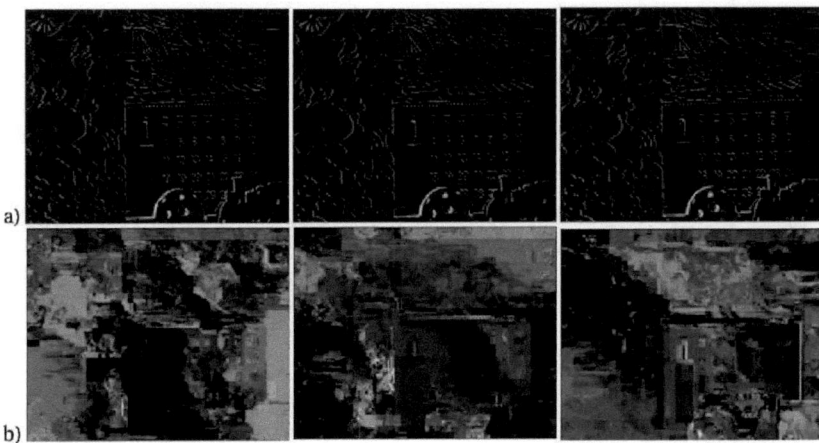

FIGURE 3.16 : a) Différences entre les trames successives de la séquence vidéo *mobile* présentée figure 3.15, b) Différences respectives avec la séquence sélectivement chiffrée. Notons que la différence de mouvement est facilement détectable sur les trames originales (a). En revanche, dans la séquence chiffrée (b), la différence est chaotique.

3.5 Conclusion

Ce chapitre a présenté l'ensemble des outils intervenant dans la compréhension le fonctionnement du SVH, des couleurs, des mesures de qualité et du scintillement. L'ensemble de ces points nous sont essentiels dans nos contributions afin de développer des méthodes de chiffrement sélectif efficaces et de créer des mesures de qualité efficaces dans un contexte de vidéos chiffrées.

Le SVH est un système complexe qui peut analyser très rapidement la qualité d'une image. Cette image est pourtant classée subjectivement par la personne. La difficulté est de trouver une approche pour quantifier ce ressenti de qualité. Le développement des mesures de qualité, principalement avec références dans nos contributions, a permis de trouver des méthodes de calcul de plus en plus corrélées au SVH. Leurs grands nombres font que les utilisateurs ont un large choix de mesures de qualité pour analyser et comparer leurs résultats d'expériences. Les mesures de qualité sont aussi classées en fonction de leur spécialisation. Elles ont, pour la majorité, un cas de dégradation où leurs mesures excellent.

Dans nos contribution nous utiliserons le PSNR et le SSIM. Le PSNR est une mesure

3.5. CONCLUSION

polyvalente qui permet d'analyser de manière globale les méthodes de chiffrement sélectif proposées. De plus, comme le PSNR est très utilisé dans la littérature, il est plus de comparé les méthodes entre elles. Nous utiliserons aussi le SSIM, pour analyser de manière plus perceptuelle les méthodes de chiffrement sélectif. Le SSIM étant réputé pour sa forte corrélation avec le SVH.

Les différents espaces de couleur sont des outils qui permettent de mettre en avant certaines caractéristiques recherchées d'une image. Ainsi, il est possible de traiter une image uniquement par certaines caractéristiques de l'espace de couleurs. La couleur est sous exploitée dans les mesures de qualité en général mais aussi pour le chiffrement sélectif. Sa complexité en fait un point bloquant, de plus, les mesures de luminances sont généralement très efficaces. Néanmoins, l'intégration de la couleur pour des mesures de scintillement est à développer afin de souligner l'effet très perturbant de ce phénomène dans des cas de vidéos chiffrées.

Le scintillement est un phénomène visuel perturbant pour la visualisation de vidéos. Il est très utile pour préserver la confidentialité d'une vidéo au cours du temps. Néanmoins, aucune mesure n'a réellement été conçue pour mesurer quantitativement son effet. Cette étude sera une partie de nos contributions.

Deuxième partie

Contributions

CHAPITRE

4

Analyse de la réduction du ratio de chiffrement sélectif

Ce chapitre présente nos contributions en chiffrement sélectif de vidéo basées sur une réduction de l'espace de chiffrement dans le domaine spatial. Dans la section 4.2 nous discutons du principe de réduction de l'espace de chiffrement grâce à l'erreur de prédiction du codec H.264/AVC. En section 4.3, nous présentons l'association de cette méthode de chiffrement sélectif avec des mesures de qualité. La section 4.4 présente une technique de mesure du scintillement et la propagation temporelle du chiffrement.

4.1 Introduction

Comme détaillé dans le chapitre 2, le chiffrement sélectif est une méthode de protection qui permet de protéger des données en chiffrant seulement une partie précise d'un fichier. Les séquences vidéo peuvent être protégées en utilisant des algorithmes de chiffrement sélectif afin de garantir une confidentialité visuelle adéquate. Le chiffrement sélectif permet ainsi de réduire le nombre de traitements comparé à un chiffrement complet. Néanmoins, la partie chiffrée du flux binaire doit être un bon compromis entre le ratio de chiffrement et le niveau de chiffrement qui est évalué avec une mesure de similarité.

L'enjeu principal de ces recherches consiste à développer des algorithmes de chiffrement sélectif qui permettent de diminuer le chiffrement tout en garantissant à l'utilisateur une bonne confidentialité visuelle du flux crypto-compressé de la séquence vidéo traitée. La diminution des données chiffrées doit être effectuée en étudiant des caractéristiques de fonctionnement du codec H.264/AVC, comme l'erreur de prédiction, qui est un vecteur pouvant propager le chiffrement dans une trame. Les mesures de qualité peuvent être utilisées dans des étapes intermédiaires de la crypto-compression pour analyser en détails le niveau de protection visuel de la séquence en cours de traitement.

Le chiffrement sélectif d'un macro-bloc peut être transmis à d'autres macro-blocs spatialement. Cela est possible grâce à l'erreur de prédiction du codeur H.264/AVC qui permet de transmettre dans le flux binaire H.264/AVC seulement la différence entre des macro-blocs voisins afin d'optimiser les capacités de compression. Cette méthode de chiffrement doit également être applicable de manière temporelle. Dans un groupe d'images, les trames *inter* sont construites à partir de prédictions entre elles-mêmes ou à partir de la trame *intra*. Il est donc possible de créer une méthode qui limite aussi le ratio de chiffrement en se basant sur les prédictions temporelles.

De plus, une autre approche pour réduire le ratio de chiffrement consiste à limiter à son minimum le nombre de coefficients chiffrés par macro-bloc dans la méthode SE-CAVLC. En effet, si seuls les coefficients les plus importants sont chiffrés, alors la confidentialité visuelle sera préservée et le ratio de chiffrement réduit.

Pour finir, la combinaison de mesures de qualité avec le chiffrement sélectif est essentielle pour assurer le contrôle du chiffrement tout au cours de la création du flux H.264/AVC crypto-compressé. Ces mesures de qualité doivent à la fois analyser l'aspect spatial de la protection, mais aussi l'aspect temporel.

4.2 Propagation spatiale du chiffrement

Dans cette section nous examinons la possibilité de transférer l'effet visuel du chiffrement de macro-blocs chiffrés à des macro-blocs non-chiffrés grâce à l'utilisation des prédictions dans le codec H.264/AVC. La section 4.2.1 discute de la méthode de propagation alors que la section 4.2.2 met en place des expériences afin de valider cette méthode de propagation de chiffrement.

4.2.1 Principe

Le chiffrement sélectif est diffusé dans l'image grâce à une propriété du codec H.264/AVC : l'erreur de prédiction qui est utilisée pour réduire la taille binaire des séquences vidéo. Cette erreur de prédiction est la différence entre le macro-bloc courant et un macro-bloc voisin précédent. Une analyse de chaque macro-bloc voisin précédemment encodé est réalisée dans le but de trouver le macro-bloc produisant la plus petite erreur de prédiction. Pour les trames *intra*, la prédiction est réalisée spatialement sur l'image courante. En outre, cette prédiction est utilisée dans le domaine temporel pour encoder les trames *inter*. Au cours de l'étape de décodage, à cause du chiffrement sélectif, un macro-bloc qui a été décodé à partir d'un macro-bloc chiffré sera forcément distordu. Nous utilisons cette spécificité pour propager un chiffrement sélectif à travers chaque image d'une séquence vidéo.

Dans un premier temps, nous proposons une méthode pour analyser la diffusion du chiffrement grâce à l'erreur de prédiction du codec H.264/AVC. Un seul bloc d'une trame

4.2. PROPAGATION SPATIALE DU CHIFFREMENT

intra en mode CAVLC sera chiffré. L'algorithme de chiffrement sélectif SE-CAVLC [Shahid *et al.*, 2009b, 2011b] est utilisé pour le chiffrement du module du codage entropique comme décrit dans la figure 4.1.

Nous mesurons le niveau de confidentialité dans un voisinage de dix macro-blocs voisins du macro-bloc chiffré pour la luminance et les trois macro-blocs voisins pour les chrominances en raison du sous-échantillonnage des canaux Cr et Cb dans le codeur H.264/AVC. Les macro-blocs affectés sont classés selon une lecture en zig-zag comme présenté dans la figure 4.2. Nous utilisons une lecture en zig-zag car elle représente mieux le niveau de chiffrement décroissant qui devrait affecter spatialement les macro-blocs en s'éloignant du macro-bloc chiffré.

Le principal changement par rapport à la méthode SE-CAVLC [Shahid *et al.*, 2009b, 2011b] est l'implémentation d'une sélection des macro-blocs à chiffrer sélectivement. La figure 4.1 présente les étapes de sélection supplémentaires à insérer dans le schéma fonctionnel de SE-CAVLC. Nous avons appelé cette nouvelle méthode chiffrement sélectif réduit (RSE-CALVC, en anglais *Reduced Selective Encryption*).

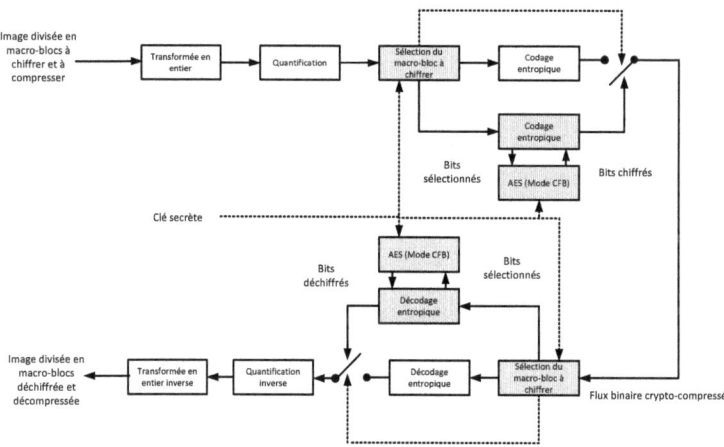

FIGURE 4.1 : Schéma de la méthode chiffrement sélectif réduit proposée : RSE-CAVLC. La clé secrète permet de protéger le contenu chiffré à l'aide de la méthode SE-CAVLC, mais aussi à transmettre une carte de chiffrement qui sélectionne les macro-blocs à chiffrer.

82 CHAPITRE 4. ANALYSE DE LA RÉDUCTION DU RATIO DE CHIFFREMENT SÉLECTIF

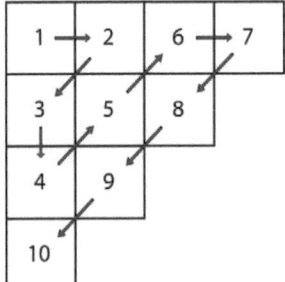 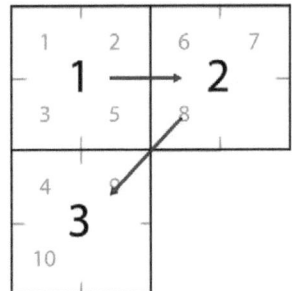

FIGURE 4.2 : Lecture en zigzag des dix premiers macro-blocs voisins d'un macro-bloc chiffré sélectivement pour la luminance, et lecture en zigzag des dix premiers macro-blocs voisins d'un macro-bloc chiffré sélectivement pour les chrominances. Cette lecture en zigzag sur les macro-blocs de l'image chiffrée est utilisée pour analyser l'impact visuel du chiffrement.

Dans une deuxième étape, grâce aux résultats expérimentaux présentés en section 4.2.2, nous appliquons une carte de chiffrement afin de réduire le ratio de chiffrement. En commençant par le premier macro-bloc de la trame, un bloc sur deux est chiffré en quinconce comme illustré figure 4.3. En effet, le chiffrement du premier macro-bloc présente la meilleure propagation de chiffrement car c'est le seul à posséder des données non-prédites. Nous présentons cette propagation plus en détails dans la section 4.2.2. Les mesures de qualité en termes de PSNR et SSIM sont utilisées pour déterminer si la confidentialité reste suffisante en dépit de la baisse du ratio de chiffrement.

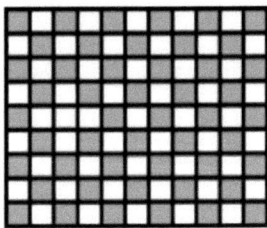

FIGURE 4.3 : Chiffrement en damier, les macro-blocs chiffrés sélectivement sont colorés en gris. Nous avons utilisé cette carte de chiffrement simple pour montrer l'efficacité de la propagation spatiale d'un chiffrement sélectif dans une image de vidéo.

4.2.2 Résultats expérimentaux

Afin d'obtenir ces résultats expérimentaux, nous avons utilisé quatre séquences vidéo de référence : *foreman, mobile, city* et *football*. Ces séquences vidéo ont une résolution en QCIF et ont été compressées avec un large éventail de facteur de compression : $QP = \{12, 18, 24, 30, 36, 42\}$. Ces séquences vidéo représentent une bonne diversité en termes de mouvements, de couleurs, de contrastes, d'objets et de plans de scène. Nous avons compressé chaque séquence sur une longueur de 100 trames à 30 images par seconde. En premier lieu, nous présentons une analyse de l'impact spatial du chiffrement sélectif d'un unique macro-bloc dans une trame en mode CAVLC *intra*. Ensuite, nous comparons notre méthode RSE-CAVLC à la méthode SE-CAVLC [Shahid *et al.*, 2011b] sur les séquences vidéo de référence. Nous considérons empiriquement que la confidentialité est préservée si le PSNR global de la luminance est inférieur à 13dB et si le SSIM [Wang *et al.*, 2003] global est inférieur à 0,6.

Analyse de l'impact spatial du chiffrement sélectif d'un seul macro-bloc en mode *intra* CAVLC

Cette partie présente l'impact spatial du chiffrement sélectif d'un seul macro-bloc sur les macro-blocs voisins. Les figures 4.4 et 4.5 montrent deux trames différentes de la séquence *mobile* où un seul macro-bloc est chiffré sélectivement (respectivement le premier de la trame et le vingt-sixième), notons qu'une dérive peut être clairement identifiée vers la droite et vers le bas à partir du bloc sélectivement chiffré. Les macro-blocs affectés sont ceux qui sont codés après le macro-bloc chiffré sélectivement, et qui sont prédits donc sur une information chiffrée. Cet effet visuel confirme que le chiffrement sélectif d'un macro-bloc peut protéger la confidentialité visuelle d'une zone spatialement proche de ce macro-bloc. Notons aussi que la dégradation de la couleur via les composantes Cr et Cb affectent particulièrement l'image sur plusieurs macro-blocs grâce à la diffusion d'un chiffrement indirect.

84 CHAPITRE 4. ANALYSE DE LA RÉDUCTION DU RATIO DE CHIFFREMENT SÉLECTIF

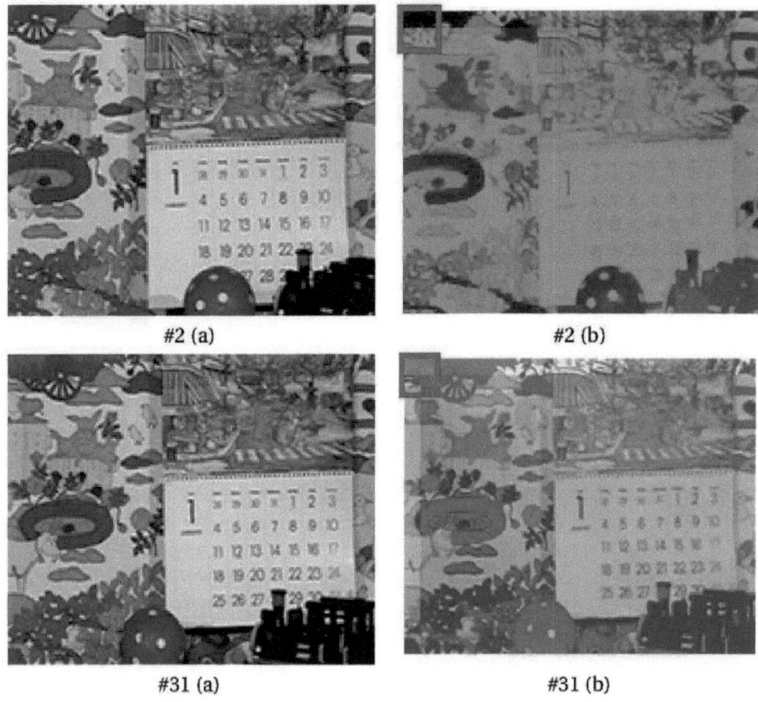

FIGURE 4.4 : a) Images originales de la séquence vidéo *"Mobile"*, b) Images traitées où seul le premier macro-bloc de la trame est chiffré sélectivement avec l'algorithme SE-CAVLC [Shahid et al., 2011b]. Notons que le chiffrement sélectif du premier bloc permet d'affecter visuellement l'ensemble de l'image. Cependant l'ensemble de la dégradation est dans la même teinte de couleurs (rose pour l'image # 15, vert pour l'image # 45).

4.2. PROPAGATION SPATIALE DU CHIFFREMENT

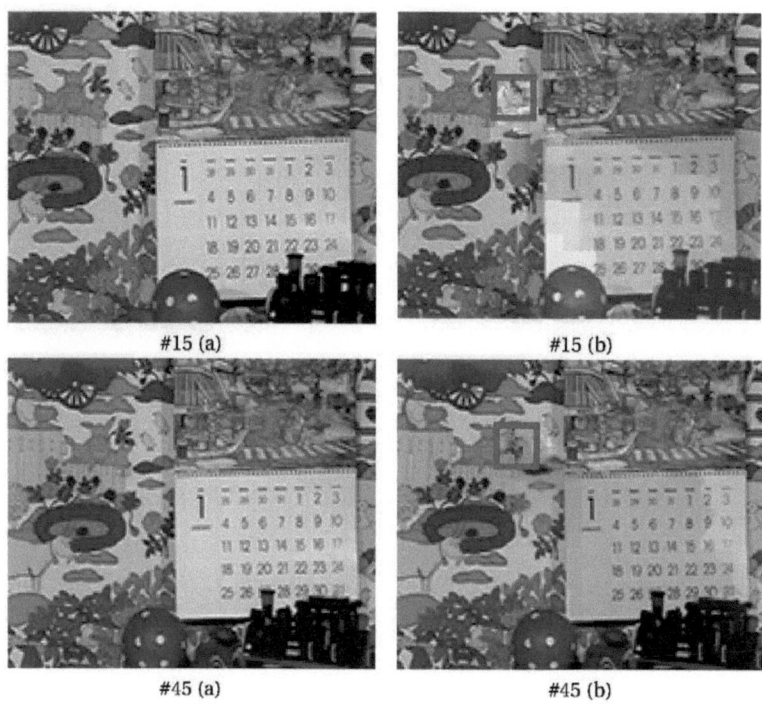

FIGURE 4.5 : a) Images originales de la séquence vidéo *"Mobile"*, b) Images traitées où seul le macro-bloc n°26 de la trame est chiffré sélectivement avec l'algorithme SE-CAVLC [Shahid *et al.*, 2011b]. Notons que le chiffrement sélectif du premier bloc permet d'affecter visuellement une partie de l'image (en bas et à droite du macro-bloc chiffré sélectivement). Cependant l'ensemble de la dégradation est dans la même teinte de couleurs (vert pour l'image # 15, rose pour l'image # 45. Les PSNR respectifs des deux images traitées par rapport à leurs images originales sont : 17,06dB et 18,51dB.

L'analyse exacte de l'efficacité de la propagation d'un chiffrement sélectif doit être effectuée pour valider la méthode proposée dans la section 4.2.1. Les figures 4.6 et 4.7 présentent les résultats en termes de PSNR et SSIM des expériences illustrées respectivement dans les figures 4.4 et 4.5. Notons que le chiffrement du premier macro-bloc de trame, illustré figure 4.6, propose la propagation la plus importante sur les macro-blocs voisins (jusqu'à plus de 2 ou 3 macro-blocs horizontalement et verticalement avec un PSNR infé-

86 CHAPITRE 4. ANALYSE DE LA RÉDUCTION DU RATIO DE CHIFFREMENT SÉLECTIF

rieur à 15dB), avec des dérives de couleurs dans toute l'image. Néanmoins, le chiffrement sélectif d'un macro-bloc différent du premier de la trame comme illustré figure 4.7, reste efficace sur les macro-blocs d'un voisinage proche (un à deux macro-blocs verticalement et horizontalement avec un PSNR inférieur à 15dB), où des dérives de couleurs sont visibles dans les blocs en aval du macro-bloc chiffré.

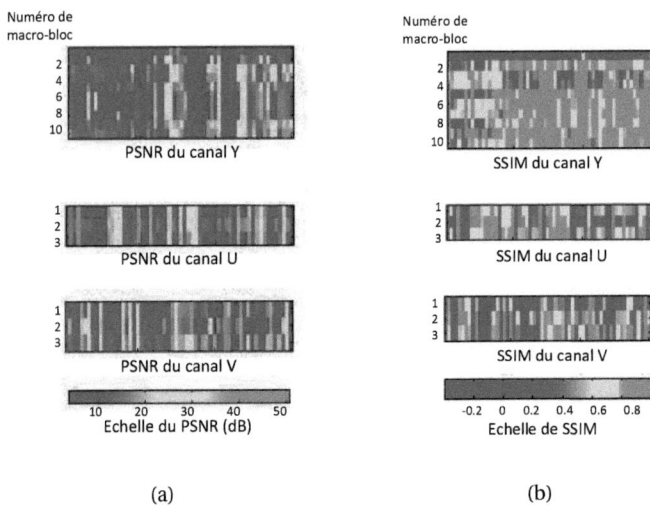

(a)   (b)

FIGURE 4.6 : a) PSNR, b) SSIM [Wang et al., 2003] du premier macro-bloc chiffré sélectivement et des neufs macro-blocs voisins (en lecture zigzag) de la trame # 2, illustré figure 4.4, de la séquence vidéo *Mobile* en QCIF avec QP = 12. Dans ces résultats, le SSIM est plus sélectif que le PSNR. Notons que les macro-blocs juxtaposés au macro-bloc chiffré, c'est à dire les macro-blocs 2, 3 et 5 (voir figure 4.2),sont très souvent affectés par le chiffrement.

L'impact du chiffrement dépend aussi du contenu des macro-blocs et donc respectivement du contenu de la séquence. Plus il y a de l'information dans un macro-bloc (*i.e.* de forts coefficients AC), plus le chiffrement sélectif sera efficace et par conséquent plus la propagation sera étendue. Notons que la carte de chiffrement proposée (un macro-bloc sur deux en quinconce) dans la section 4.2.1 pourra être validée par ces expériences : la propagation du chiffrement est suffisante pour assurer la confidentialité de la séquence vidéo. En termes de temps de calcul, étant donné qu'il est juste ajouté une sélection des

4.2. PROPAGATION SPATIALE DU CHIFFREMENT

blocs à chiffrer, cette méthode a des résultats similaires à la méthode SE-CALVC [Shahid et al., 2011b], c'est à dire une augmentation de débit de quelques pour-cents.

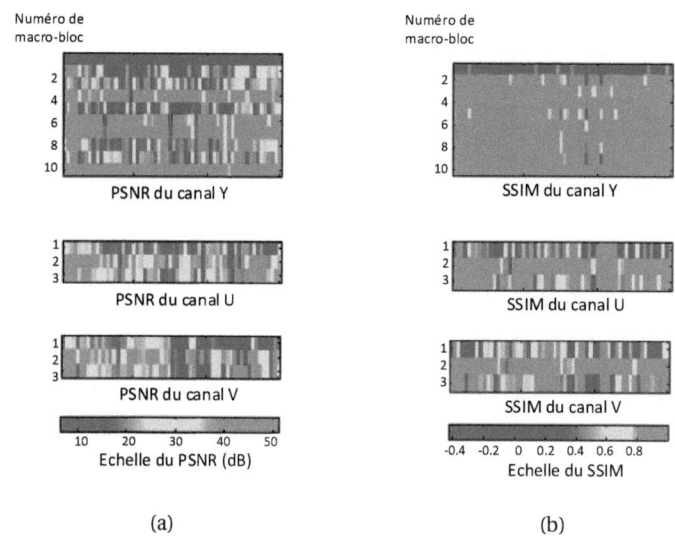

(a) (b)

FIGURE 4.7 : a) PSNR, b) SSIM [Wang et al., 2003] du vingt-sixième macro-bloc chiffré sélectivement et des neufs macro-blocs voisins (en lecture zigzag) de la trame # 15, illustré figure 4.5 de la séquence vidéo *Mobile* en QCIF avec $QP = 12$. Dans ces figures, nous pouvons noter que l'impact du chiffrement est en aval du macro-bloc chiffré. L'impact est plus modéré que pour le chiffrement du premier macro-bloc de trame (voir figure 4.6. Néanmoins, notons que les macro-blocs juxtaposés au macro-bloc chiffré, c'est à dire les macro-blocs 2, 3 et 5 (voir figure 4.2),sont souvent affectés par le chiffrement.

Chiffrement sélectif réduit (RSE-CAVLC)

La série d'analyse effectuée précédemment a montré que l'erreur de prédiction utilisée dans le codec H.264/AVC peut être utilisée pour propager un chiffrement sélectif visuel et ainsi réduire le ratio de chiffrement d'un algorithme de protection. De plus, il a été mis en évidence que le premier macro-bloc de chaque trame, en mode *intra* doit être chiffré en priorité car c'est le seul qui possède des données non-prédites.

88 CHAPITRE 4. ANALYSE DE LA RÉDUCTION DU RATIO DE CHIFFREMENT SÉLECTIF

Dans cette section, nous observons les résultats de la méthode de chiffrement sélectif réduit RSE-CAVLC proposée dans la section 4.2.1. La méthode propose un chiffrement sélectif de seulement 50% des macro-blocs, avec une répartition en damier des macro-blocs sélectivement chiffrés, la protection des macro-blocs non sélectivement chiffrés se fait par la prédiction de chaque macro-bloc sur un macro-bloc altéré par le chiffrement direct ou indirect (*i.e.* en cascade). La méthode RSE-CAVLC présente des résultats positifs en termes de confidentialité visuelle, le PSNR de luminance est proche de 10,5dB en moyenne sur les quatre vidéos de test. En comparaison, la méthode SE-CAVLC [Shahid *et al.*, 2011b] présente des résultats proches de 9dB en moyenne. Les résultats des deux méthodes sont proches en termes de PSNR alors que le ratio de chiffrement est divisé par deux dans la méthode RSE-CAVLC et cela pour l'ensemble des facteurs de compression QP différents, comme illustré en figure 4.8. La figure 4.9 illustre les résultats en termes de PSNR de la méthode RSE-CAVLC et la méthode SE-CAVLC [Shahid *et al.*, 2011b] sur toutes les trames de la séquence *foreman*. Notons que la variance reste la même pour les deux méthodes de chiffrements sélectifs.

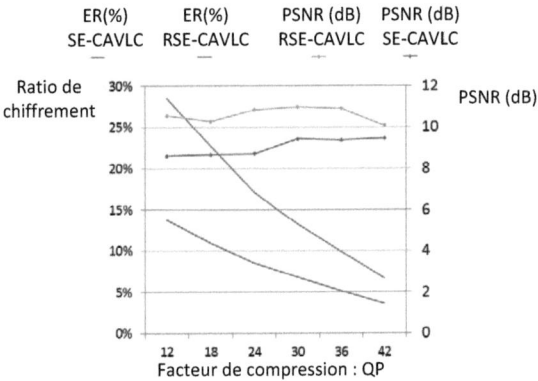

FIGURE 4.8 : PSNR et ratio de chiffrement (ER) de la séquence vidéo *foreman* pour la méthode de chiffrement sélectif SE-CAVLC [Shahid *et al.*, 2011b] et la méthode proposée RSE-CAVLC sur un large éventail de facteur de compression $QP = 12, 18, 24, 30, 36, 42$. Le ER baisse sensiblement avec l'augmentation du QP, dû à la diminution du nombre de coefficients non-nuls à cause de la quantification. Cependant le PSNR moyen des deux méthodes restent sensiblement identique, c'est à dire, 9dB pour la méthode SE-CAVLC, et 10,5dB pour la méthode RSE-CAVLC.

4.2. PROPAGATION SPATIALE DU CHIFFREMENT

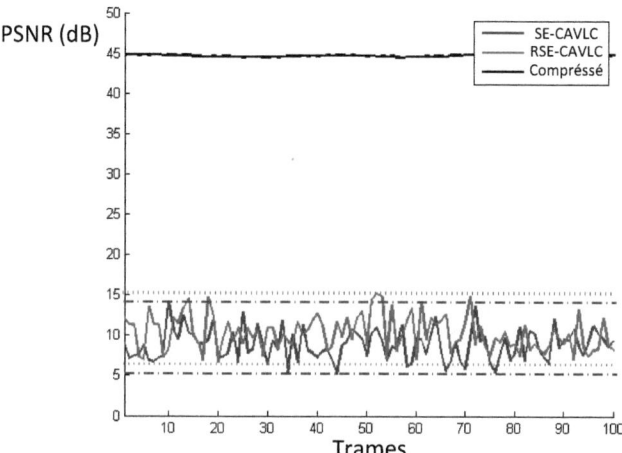

FIGURE 4.9 : PSNR de la séquence vidéo *foreman* pour 100 trames compressées avec les méthodes SE-CAVLC [Shahid *et al.*, 2011b], RSE-CAVLC, et avec une compression standard du codec H.264/AVC avec un facteur de compression QP = 18. Notons que le PSNR moyen de la méthode RSE-CAVLC est légèrement plus élevé que pour la méthode SE-CAVLC, cependant l'écart-type reste sensiblement identique.

Sur l'ensemble des séquences vidéo de référence, les résultats de la méthode proposée RSE-CALVC restent très proches de la méthode SE-CAVLC comme présenté dans le tableau 4.1. Le PSNR de la luminance et des chrominances sont du même ordre de grandeur que la méthode SE-CAVLC, et en termes de SSIM [Wang *et al.*, 2003], la luminance est au dessous de $0,6$, ces résultats confirment l'efficacité de la méthode pour la confidentialité visuelle.

Visuellement, les résultats sont proches comme pour les résultats quantitatifs présentés précédemment, la figure 4.10 illustre deux trames de la séquence *foreman* chiffrées sélectivement avec les méthodes RSE-CAVLC et SE-CAVLC.

90 CHAPITRE 4. ANALYSE DE LA RÉDUCTION DU RATIO DE CHIFFREMENT SÉLECTIF

Vidéos en QCIF - QP 18 - 100 trames								
	Foreman		Mobile		City		Football	
	SE	RSE	SE	RSE	SE	RSE	SE	RSE
PSNR Y (dB)	8.67	10.28	8.32	9.77	10.90	12.70	11.48	12.06
PSNR U (dB)	24.14	28.21	10.44	10.89	31.89	33.53	14.85	16.85
PSNR V (dB)	10.16	11.48	9.58	9.84	33.47	35.36	24.28	27.62
SSIM Y (dB)	0.198	0.302	0.04	0.258	0.115	0.198	0.219	0.239
ER	22.76%	**10.95%**	36.17%	**17.47%**	26.41%	**11.64%**	25.33%	**11.72%**

TABLE 4.1 : Analyse du ratio de chiffrement (ER) entre la méthode SE-CAVLC [Shahid et al., 2011b] et la méthode proposée RSE-CAVLC pour différentes séquences vidéo de référence avec un facteur de compression $QP = 18$. Notons qu'en termes de SSIM, la méthode RSE-CAVLC reste aussi compétitive.

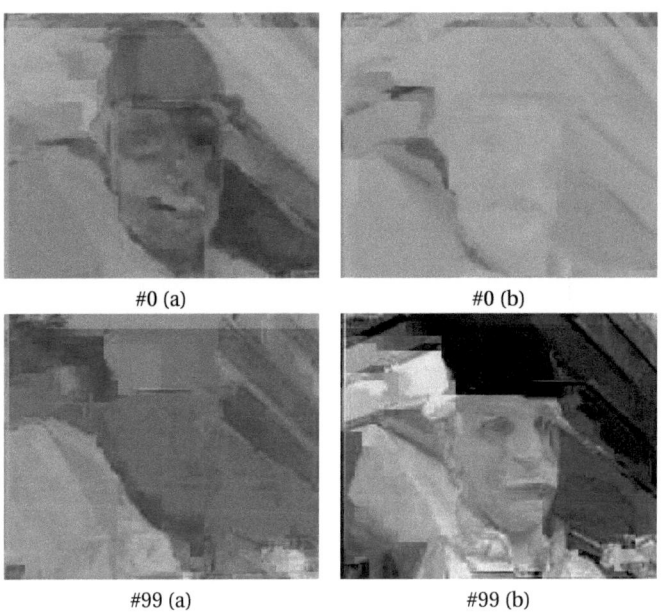

#0 (a) #0 (b)

#99 (a) #99 (b)

FIGURE 4.10 : a) Images de la séquence *foreman* en QCIF avec une compression $QP = 12$ et chiffrées avec la méthode SE-CAVLC [Shahid et al., 2011b], b) Images correspondantes chiffrées avec la méthode proposée RSE-CAVLC. D'un point de vue subjectif, la différence visuelle entre les deux méthodes est faible, les images protégées restent confidentielles. Néanmoins, le ER de la méthode RSE-CAVLC est deux fois plus faible.

4.3 Association du chiffrement sélectif avec des métriques de qualité

Dans cette section nous analysons l'évolution du chiffrement sélectif en le combinant à des mesures de qualité. La section 4.3.1 propose un schéma de chiffrement sélectif réduit du codec vidéo H.264/AVC basé sur l'association entre le chiffrement sélectif et les mesures de qualité. Nous décrivons dans la section 4.3.2 les résultats du schéma proposé. La section 4.3.3 propose différentes méthodes de décodage pour la méthode décrite.

4.3.1 Méthode

Le chiffrement sélectif réduit peut être intelligemment combiné à des mesures de qualité pendant la compression. L'enjeu de cette association est de créer un chiffrement minimum par rapport a une confidentialité fixée par l'utilisateur.

La méthode proposée pour associer chiffrement sélectif et mesure de qualité est appelée chiffrement sélectif intelligent-CAVLC (SSE-CAVLC, en anglais *Smart Selective Encryption*). La méthode chiffre sélectivement une partie réduite du nombre de macro-blocs désignés à l'aide du PSNR comme mesure de qualité. L'algorithme de chiffrement sélectif est SE-CAVLC [Shahid et al., 2011b]. Le mode de codage H.264/AVC utilisé est le mode CAVLC sur des trames *intra* uniquement.

Implantation d'une mémoire de chiffrement

La méthode se base sur la propagation d'un chiffrement visuel via l'erreur de prédiction du codec H.264/AVC comme présenté dans la section 4.2. Le schéma de la méthode est illustré figure 4.11.

Après avoir chiffré sélectivement le premier bloc d'une trame, chaque macro-bloc est analysé dans l'ordre de codage du codec H.264/AVC. Ainsi, le PSNR est mesuré afin de savoir s'il est suffisamment altéré par le chiffrement provenant du bloc précédemment chiffré (ou plus en amont). Si son PSNR est en dessous du seuil de confidentialité fixé par l'utilisateur alors il n'est pas chiffré directement. Tandis que si le PSNR du macro-bloc est au dessus du seuil alors il est chiffré directement. Le choix du chiffrement est représenté par la zone A dans la figure 4.11.

92 CHAPITRE 4. ANALYSE DE LA RÉDUCTION DU RATIO DE CHIFFREMENT SÉLECTIF

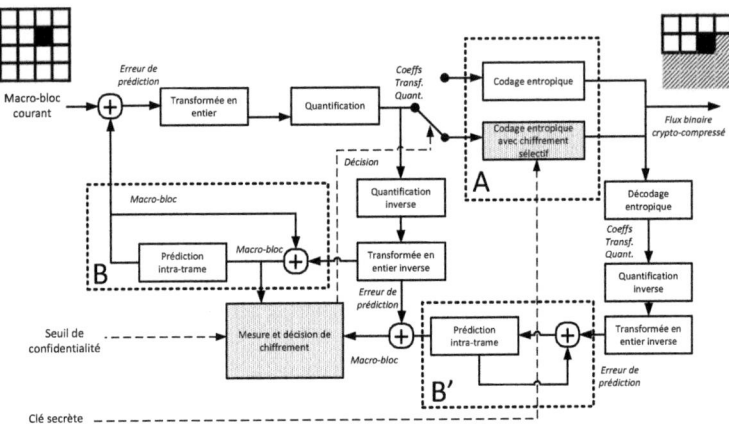

FIGURE 4.11 : Schéma de fonctionnement de la méthode SSE-CAVLC proposée. La zone A représente le codeur entropique standard et le codeur entropique avec chiffrement suivant le choix de l'étape de décision. La zone B représente la zone de prédiction intra-trame standard du codeur H.264/AVC. La zone B' représente la zone de prédiction intra-trame supplémentaire qui est utilisée pour la comparaison entre les macro-blocs originaux et les macro-blocs traités.

Le macro-bloc courant doit être compressé puis décodé afin qu'il puisse être comparé au macro-bloc original compressé pour mesurer son niveau de confidentialité. Pour cela, comme chaque macro-bloc est prédit à partir des informations du macro-bloc précédemment codé, notre système de codage nécessite une mémoire de prédiction intra-trames similaire à celle du codec H.264/AVC qui est utilisée pour améliorer la compression du codec, notée B dans la figure 4.11. Cette mémoire supplémentaire, notée B' dans la figure 4.11, contient les macro-blocs de la trame chiffrée sélectivement pour que les prédictions des macro-blocs courants s'appuient sur des macro-blocs chiffrés ou des macro-blocs chiffrés en amont dans le codage. Comme la structure de codage classique, la mémoire B' nécessite une étape de quantification et une transformée inverse pour stocker les macro-blocs. En termes de temps de calcul, l'intégration d'une mémoire supplémentaire et d'un système de mesure de qualité rend des applications temps réels impossible à effectuer pour cette méthode.

4.3. ASSOCIATION DU CHIFFREMENT SÉLECTIF AVEC DES MÉTRIQUES DE QUALITÉ

Décision de chiffrement sélectif basée sur le PSNR

Notre approche nécessite un second système de prédiction intra-trames pour les macro-blocs crypto-compressés afin de pouvoir les analyser et décider de leur chiffrement ou non durant le codage entropique. Notre méthode SSE-CAVLC possède, au cours de l'étape de décodage, un décodeur entropique supplémentaire : le cadre B' illustré dans la figure 4.11. Notre système de mesure permet de comparer le macro-bloc courant crypto-compressé au macro-bloc compressé original situé dans la mémoire de prédiction intra-trames illustrée dans la figure 4.11.

Si la mesure de la qualité est inférieure à un seuil T fixé, nous estimons que la confidentialité est suffisante et ce macro-bloc n'est pas à chiffrer dans le codeur entropique, comme illustré dans la zone A de la figure 4.11. En outre, si la mesure de la qualité du macro-bloc est supérieure à ce seuil, le macro-bloc est chiffré directement dans le codeur entropique. La décision est envoyée au codeur entropique qui fonctionne en deux modes : un codeur H.264/AVC standard pour les macro-blocs non chiffrés et un codeur SE-CAVLC pour les macro-blocs chiffrés. Quelque soit le mode de codeur entropique, le flux binaire de chaque macro-bloc est décodé et ajouté dans la mémoire supplémentaire intra-prédiction afin de pouvoir comparer les prochains macro-blocs.

La décision de chiffrement sélectif se fait en utilisant le PSNR sur la luminance. Le seuil T décide si un macro-bloc doit être chiffré sélectivement, tel que présenté dans la figure 4.11. Néanmoins, il ne peut pas garantir si le macro-bloc chiffré sélectivement sera bien sous ce seuil, bien que la probabilité qu'il y soit est grande. Nous utilisons la luminance pour décider du chiffrement ou non car elle a le plus d'influence sur le système visuel humain (SVH).

4.3.2 Résultats expérimentaux

Nous avons utilisé six séquences vidéo de référence, en mode CAVLC, en mode intra-prédiction, avec une résolution QCIF : *bridge-close, city, football, foreman, hall, mobile*. Ces séquences vidéo représentent une bonne diversité en termes de mouvements, de couleurs, de contrats, d'objets et de plans de scène. L'ensemble des séquences vidéo a été compressé avec un QP à 18, cela représente une compression de haute qualité avec un PSNR moyen de 45dB pour une séquence vidéo compressée et non-chiffrée.

Nous avons compressé chaque séquence sur un longueur de 100 trames à 30 images par seconde. Comme dans la section 4.2, en termes de confidentialité visuelle nous considérons empiriquement que la confidentialité est préservée si le PSNR global de la luminance est inférieur à 13dB et si le SSIM [Wang et al., 2003] global est inférieur à 0,6.

Pour nos expériences, nous avons appliqué différents seuils de PSNR pour chaque vidéo. Ces expériences permettent de mettre en évidence la quantité de macro-blocs chiffrés (EMB, en anglais *Encrypted Macro-Blocks*) utilisés pour le chiffrement sélectif de chaque séquence vidéo. Les seuils ont été choisis entre 10 et 15dB. Cette gamme représente bien les limites haute et basse pour la confidentialité visuelle. Dans la figure 4.12, nous présentons les effets du chiffrement SSE-CAVLC sur la première image de la séquence vidéo *city* et sur trois autres trames de la séquence vidéo *mobile*. Spatialement, la localisation des EMB est représentée en noir sur la figure 4.12. Cette répartition est différente selon les vidéos et les trames en fonction du seuil de T. Cependant, la quantité de EMB semble être liée au contenu de la séquence vidéo. Notons que la quantité d'EMB diminue nettement quand le seuil T augmente. Dans la première ligne de la figure, pour la séquence vidéo *city*, nous remarquons que la partie en haut à droite de l'image est toujours chiffrée jusqu'à un seuil de 14 dB, nous en déduisons que le chiffrement premier macro-bloc de cette zone de l'image a un impact crucial sur la confidentialité de cette zone de l'image. Un autre exemple de macro-bloc possédant un contenu crucial est dans la ligne de la figure pour la séquence vidéo *mobile*. Le macro-bloc central en haut de l'image est toujours chiffré jusqu'au seuil de 14 dB, ce macro-bloc possède beaucoup d'informations et une fois le macro-bloc chiffré, il affecte beaucoup les macro-blocs en aval dans l'ordre de compression.

Les figures 4.13 et 4.14 présentent des résultats sur les séquences vidéo *mobile* et *city* qui ont été chiffrées sélectivement avec notre algorithme SSE-CAVLC sur respectivement vingt trames et soixante trames. Dans ces figures, nous pouvons observer l'évolution du PSNR moyen, de son écart-type et l'évolution du nombre d'EMB en fonction du seuil de PSNR T utilisé pour la décision de chiffrement sélectif. Notons que le PSNR et les EMB évoluent de manière opposée. Lorsque le seuil augmente, la quantité d'EMB diminue et le PSNR général augmente également. Logiquement, plus le nombre d'EMB diminue, plus la confidentialité visuelle baisse si le PSNR augmente. En outre, l'écart type croît en fonction du seuil T. Son augmentation est probablement due à la variation aléatoire du chiffrement sélectif qui dépend de la clé secrète. En effet, lorsque le seuil est plus élevé, les variations du PSNR moyen sont plus importantes. Notons néanmoins que dans le cas de la séquence vidéo *foreman* l'évolution du PSNR est décorrélée du seuil de confidentialité T. Il est à noter également que les écarts types de ces résultats sont importants, ils sont du même ordre de grandeur que les résultats de moyennes, ce qui prouve que les valeurs totalement aléatoires données par le chiffrement sélectif ont un impact très fort sur la qualité finale de la vidéo compressée.

Le tableau 4.2 présente les résultats en termes de PSNR, d'écart type et d'EMB pour les quatre autres séquences vidéo de référence. Ce tableau de résultats confirme l'accroissement du PSNR moyen et de l'écart type des séquences vidéo si le seuil T de confidentialité est augmenté. Notons que le PSNR moyen reste en dessous de 15 dB dans la majorité des expériences malgré un taux d'EMB très faible qui représente moins de 10% de bits en termes de ratio de chiffrement. Les écarts types sont du même ordre de grandeur pour l'ensemble des vidéos de test : entre 0,80 dB et 2,48 dB. Cependant, le ratio de chiffrement varie grandement suivant le contenu, par exemple pour le seuil de 12 dB, le ratio de chiffrement varie entre 25,87% et 52,27%.

4.3. ASSOCIATION DU CHIFFREMENT SÉLECTIF AVEC DES MÉTRIQUES DE QUALITÉ 95

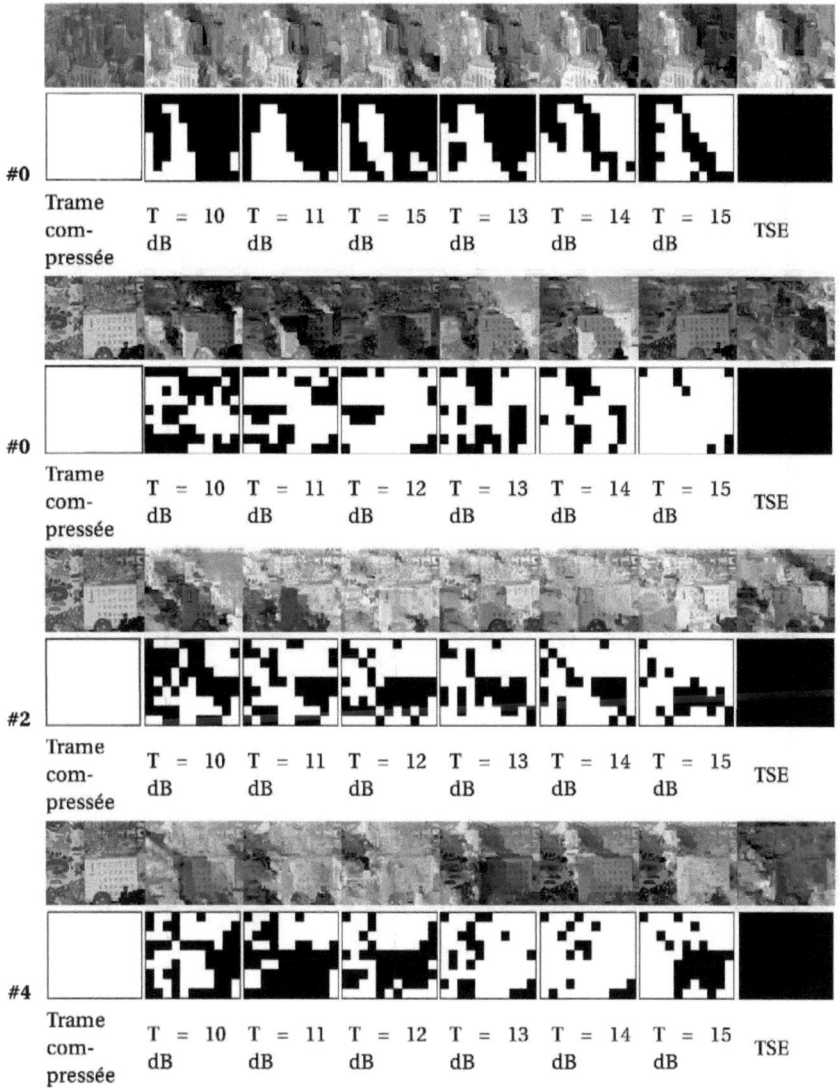

FIGURE 4.12 : Résultats pour différents seuils de PSNR T sur les séquences vidéo *city* et *mobile*. Les trames représentées sont #0 pour *city* et #0,2,4 pour *mobile*. La colonne de gauche représente les image originales compressées avec $QP = 18$. La colonne de droite représente les images respectives totalement chiffrées sélectivement (TSE) avec la méthode SE-CAVLC [Shahid et al., 2011b]. Les colonnes du centre représentent les trames chiffrées avec la méthode SSE-CAVLC proposée, chaque colonne représente un seuil T différent entre 10dB et 15dB. Sous chaque image, il est représenté la carte de chiffrement des macroblocs.

96 CHAPITRE 4. ANALYSE DE LA RÉDUCTION DU RATIO DE CHIFFREMENT SÉLECTIF

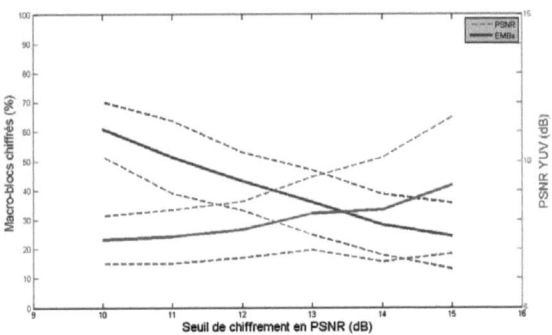

FIGURE 4.13 : Variation du PSNR (moyenne en ligne pleine et écart type en pointillés) de la séquence *mobile* en fonction du seuil T pour 20 trames. Nous pouvons remarquer que, bien que le nombre de macro-blocs chiffrés moyen diminue de moitié (60% à 30%), l'augmentation du PSNR moyen est faible (7,5dB à 9,5dB).

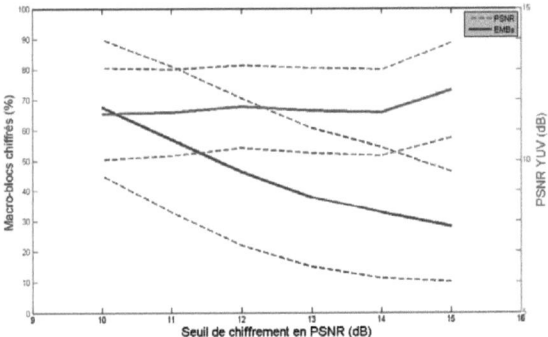

FIGURE 4.14 : Variation du PSNR (moyenne en ligne pleine et écart type en pointillés) de la séquence *city* en fonction du seuil T pour 60 trames. En comparaison avec la figure 4.13, notons que l'augmentation de PSNR est encore plus faible (11,5dB à 12,5dB).

4.3. ASSOCIATION DU CHIFFREMENT SÉLECTIF AVEC DES MÉTRIQUES DE QUALITÉ

T (dB)	Stats	bridge-close	football	foreman	hall
10	Moy (dB)	10.39	10.54	**8.47**	**9.20**
	Std (dB)	1.08	2.03	2.11	0.80
	EMBs (%)	69.34	63.38	55.05	48.18
11	Moy (dB)	**10.74**	**10.10**	**8.61**	**9.19**
	Std (dB)	0.93	1.22	2.05	0.82
	EMBs (%)	49.24	60.61	50.70	36.97
12	Moy (dB)	**11.11**	**10.18**	**9.00**	**9.28**
	Std (dB)	0.87	1.21	2.29	0.95
	EMBs (%)	38.18	52.27	45.60	26.87
13	Moy (dB)	**11.20**	10.45	**8.75**	**9.77**
	Std (dB)	0.98	1.28	2.33	1.08
	EMBs (%)	39.59	48.73	38.58	20.45
14	Moy (dB)	**11.98**	10.59	**8.95**	**10.24**
	Std (dB)	1.01	1.80	2.48	1.21
	EMBs (%)	34.24	39.54	34.84	12.88
15	Moy (dB)	**11.70**	11.09	**8.55**	**10.64**
	Std (dB)	0.97	1.99	2.20	1.29
	EMBs (%)	30.91	34.79	27.52	9.49

TABLE 4.2 : Résultats statistiques sur quatre séquences vidéo en QCIF sur 20 trames avec un facteur de quantification $QP = 18$. T représente le seuil utilisé en PSNR. En gras, nous pouvons remarquer les PSNR moyens qui sont inférieurs au seuil de confidentialité T.

Les figures 4.15 et la figure 4.16 montrent la répartition du PSNR en fonction du pourcentage d'EMBs. Cette répartition intègre la totalité des trames et des seuils de chaque séquence vidéo. Ces deux figures reflètent clairement la variation de l'écart type lorsque la quantité d'EMB est faible. Cependant, bien que le pourcentage d'EMB diminue, le PSNR s'élève rarement au-delà de 15dB, ce qui indique une confidentialité préservée. En termes de quantité de données chiffrées, la méthode SE-CAVLC [Shahid et al., 2011b] utilise 20% du flux binaire pour le protéger. Avec notre méthode SSE-CAVLC, le ratio de chiffrement est réduit à environ 10% du flux binaire tout en proposant une confidentialité visuelle adéquate. De plus, avec un mode codage *intra*, les fortes variations de couleurs créées entre deux images voisines, par le chiffrement sélectif SSE-CAVLC, est un avantage supplémentaire en terme de confidentialité visuelle. En effet, les séquences vidéo sont perturbantes à regarder du fait du scintillement de la couleur. La quantité d'EMB varie en fonction de la séquence vidéo en cours de traitement, ce qui montre que la méthode SSE-CAVLC proposée s'adapte au contenu de la séquence vidéo. Toutefois, dans certains cas, certaines trames chiffrées n'atteignent pas un niveau adéquat de confidentialité.

98 CHAPITRE 4. ANALYSE DE LA RÉDUCTION DU RATIO DE CHIFFREMENT SÉLECTIF

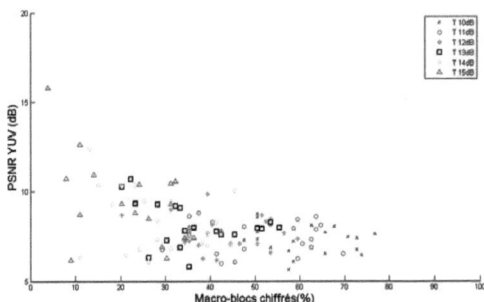

FIGURE 4.15 : Variation du PSNR de chaque trame et pour différents seuils T en fonction du pourcentage d'EMBs pour la séquence vidéo *mobile* sur 20 trames. Chaque seuil T, en PSNR, est représenté avec un symbole et une couleur différente. Notons que la répartition est plus disperse quand le seuil de confidentialité T est élevé. En effet, quand il y a peu de macro-blocs chiffrés, la qualité du chiffrement sélectif est plus soumise à l'aléatoire du chiffrement.

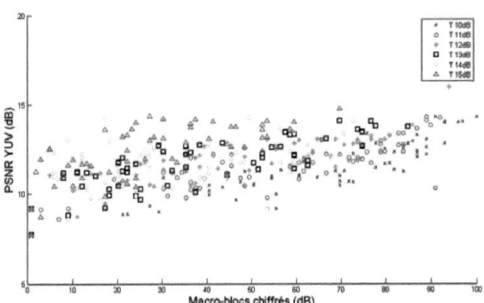

FIGURE 4.16 : Variation du PSNR de chaque trame et de chaque seuil T en fonction du pourcentage d'EMBs pour la séquence vidéo *city* sur 60 trames. Chaque seuil T, en PSNR, est représenté avec un symbole et une couleur différente.

4.3.3 Méthode de décodage

Durant l'étape de décodage, chaque macro-bloc décodé doit être déchiffré uniquement s'il a été chiffré. Pour savoir si un macro-bloc a été chiffré, nous pouvons utiliser différentes stratégies.

En premier lieu, une solution simple est une méthode d'indexation. Cela consiste à insérer une carte binaire du chiffrement dans l'en-tête du flux binaire H.264/AVC pour chaque trame de la séquence vidéo. Cette carte est un vecteur binaire de la taille du nombre de macro-blocs de la trame, il est ordonné dans l'ordre de traitement des macro-blocs et chaque indice porte la valeur 1 si le macro-bloc doit être décodé et déchiffré, et porte la valeur 0 si le macro-bloc doit être unique décodé.

Deuxième possibilité, l'information peut être cachée dans le coefficient DC de chaque macro-bloc en utilisant une méthode de tatouage. Le coefficient DC peut être tatoué facilement, car les coefficients DC sont codés indépendamment des coefficients AC et ils ne sont pas chiffrés par la méthode SE-CAVLC. Le tatouage doit cependant être effectué pendant la boucle de prédiction *intra*-trame afin qu'il soit intégré dans l'erreur de prédiction comme présenté dans [Shahid et al., 2011a]. Sinon, des dérives se produiraient dans les trames décodées.

Pour finir, une troisième méthode de décodage prend en compte les distributions de coefficients afin de savoir si les macro-blocs sont chiffrés ou non, comme proposé dans [Islam et Puech, 2012].

4.4 Chiffrement de trames *inter*

Dans cette section nous analysons la propagation d'un chiffrement sélectif de macro-blocs chiffrés à des macro-blocs non-chiffrés, grâce à l'utilisation des prédictions dans le codec H.264/AVC, temporellement dans un groupe d'images. Ce chiffrement sélectif contrôle alors un nombre de coefficients chiffrés par macro-bloc grâce au SSIM. La section 4.4.1 discute de la méthode de propagation et du contrôle du nombre de coefficient chiffrés par macro-bloc. La section 4.4.3 présente les résultats expérimentaux de la méthode proposée.

4.4.1 Principe

Cette section discute de la propagation du chiffrement grâce à l'erreur de prédiction dans un groupe d'images. Ensuite, nous discutons de la méthode de réduction du nombre de coefficients chiffrés par macro-bloc. Nous présentons la mesure de scintillement développée pour cette approche. Enfin, elle présente la méthode de régulation du nombre de coefficients non-nuls chiffrés par macro-bloc.

Propagation du chiffrement dans les trames *inter*

De la même manière que développé dans la section 4.2, l'erreur de prédiction du codec H.264/AVC est utilisée pour transmettre le chiffrement sélectif dans les séquences vidéo crypto-compressées. Dans la méthode proposée, la propagation du chiffrement sélectif est appliquée dans les trames *inter* d'un groupe d'images. L'algorithme de chiffrement sélectif est SE-CAVLC, et nous analysons dans la section 4.4.3 la portée efficace de cette technique dans les trames *inter* grâce à des mesures de qualité.

Diminution du nombre de coefficients chiffrés par macro-bloc

Une méthode pour réduire le ratio de chiffrement est la diminution du nombre de coefficients chiffrés par macro-bloc. La méthode SE-CAVLC chiffre la totalité des coefficients AC non-nuls d'un macro-bloc. Néanmoins, un chiffrement réduit sur les coefficients les plus importants du macro-bloc peut donner des résultats similaires en termes de confidentialité visuelle [Baixas, 2013]. L'étude de la répartition des coefficients dans des macro-blocs quantifiés permet de mettre en avant quels sont les coefficients les plus importants.

Une première méthode, utilisée dans plusieurs articles est d'approcher ces distributions par des lois de Laplace. Elles se basent principalement sur l'hypothèse que les pixels suivent chacun les mêmes distributions et que celles-ci sont indépendantes. Cette hypothèse semble pourtant ne pas être vérifiée [Lam et Goodman, 2000]. Une seconde méthode, utilisée dans le cas des vidéos H.264 serait d'approcher les distributions des coefficients DCT par des lois de Cauchy. Étant donné le type similaire de traitement que subissent les images dans le format H.264 et le format JPEG, cette méthode pourrait être également valable [Altunbasak et Kamaci, 2004]. Une autre approche consiste à utiliser la loi Gaussienne généralisée, les précédentes lois étant des cas particuliers de celle-ci. Dans l'article en question, il est d'ailleurs montré qu'aucun cas particulier ne convient à chacune des distributions. Aussi, l'auteur donne un algorithme permettant de paramétrer la Gaussienne généralisée de façon à approcher de façon optimale chaque distribution. Cependant, étant donné que seules des caractéristiques générales nous intéressent pour le moment (bornes et comportement général) si cette méthode nous est utile, elle ne le sera qu'une fois le problème fixé. Dans ce même article, il est également montré que la distribution de tous les coefficients, sans distinction de position, n'est ni une loi normale ni une loi Laplacienne.

La figure 4.17 illustre la répartition des coefficients d'images JPEG par table de compression (la répartition des coefficients H.264/AVC en mode CAVLC est très semblable à celle dans la compression JPEG). Nous remarquons que les premières tables de compression, c'est dire les *trailing ones* et la première table VLC, comportent à elles seules 10% à 15% des coefficients AC non-nuls et cela pour différents facteurs de qualité (FQ). De plus, la figure 4.18 illustre la répartition de la table VLC, les résultats des autres tables étant très similaires au cas illustré. Nous remarquons que les coefficients les plus grands en tailles binaires sont répartis dans les basses fréquences. Ces coefficients sont plus affectés par le

4.4. CHIFFREMENT DE TRAMES INTER

chiffrement et par conséquent présentent de meilleurs résultats de coefficients en termes de confidentialité visuelle une fois chiffrés. Les coefficients basses fréquences sont donc les premiers à être chiffrés.

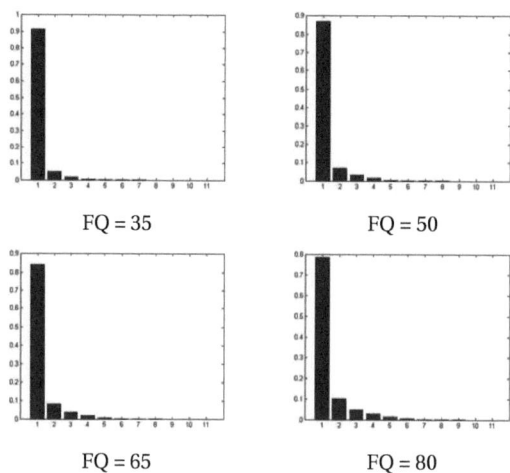

FIGURE 4.17 : Répartition des coefficients par tables de compression JPEG pour différents facteurs de qualité (FQ). Notons que plus le facteur de qualité est élevé plus le nombre de coefficients non-nuls est élevé.

x	0.1256	0.0680	0.0344	0.0084	0.0009	0	0
0.1508	0.0978	0.0550	0.0137	0.0016	0	0	0
0.1155	0.0540	0.0228	0.0031	0	0	0	0
0.0357	0.0125	0.0023	0.0002	0	0	0	0
0.0043	0.0009	0	0	0	0	0	0
0.0001	0	0	0	0	0	0	0
0	0	0	0	0	0	0	0
0	0	0	0	0	0	0	0

FIGURE 4.18 : Répartition des coefficients de la table VLC 3 pour un facteur de qualité $FQ = 20$. Nous pouvons remarquer qu'à partir des quatrièmes lignes et colonnes la quantité de coefficients non-nuls devient négligeable.

Le nombre de coefficients non nuls ainsi que leur taille en nombre de bits dépendent fortement de la compression, c'est pourquoi il est possible que la compression ait un impact sur la qualité de chiffrement d'une image. Cependant, la compression des coefficients dépend aussi de leur position, ceux correspondant à de hautes fréquences étant très faibles voire nuls selon la qualité de compression. Il est donc conseillé de chiffrer en priorité les coefficients basses fréquences car ils portent plus d'informations.

4.4.2 Mesure de scintillement basée sur l'erreur quadratique moyenne

Nous proposons une nouvelle mesure conçue pour analyser le scintillement entre deux trames successives, nous l'appelons : mesure de clignotement (BM, en anglais *Blink Measure*), elle est définie par l'équation :

$$BM = \frac{\left| \sum_{i=1}^{n-1} \sum_{k=1}^{m} (x_{i,k} - x_{i+1,k})^2 - \sum_{i=1}^{n-1} \sum_{k=1}^{m} (y_{i,k} - y_{i+1,k})^2 \right|}{(n-1)m}, \qquad (4.1)$$

où x est la trame originale, y la trame traitée, n la longueur de la séquence vidéo, i et k sont l'abscisse et l'ordonnée du pixel, et m la résolution de la trame. La BM est la différence des erreurs quadratiques entre deux trames successives de la séquence originale et deux trames successives de la séquence traitée. Contrairement au chapitre 6, où la mesure TSSIM proposée est intégrée dans la boucle de codage, la BM est une mesure développée spécifiquement pour des résultats d'analyse de scintillement.

Régulation du nombre de coefficients chiffrés

Dans la méthode SE-CALVC du codec H.264/AVC, le chiffrement des coefficients non-nuls AC est généralement suffisant pour assurer la protection visuelle de la séquence vidéo. Une solution pour améliorer cette méthode est de continuer à diminuer cette quantité de coefficients AC non-nuls. Dans la méthode proposée dans cette section, nous utilisons l'algorithme SE-CAVLC qui ne chiffre qu'une partie limitée des coefficients non-nuls. De plus, nous analysons à chaque groupe d'images si la confidentialité visuelle reste adéquate par l'intermédiaire du SSIM. Ainsi, le nombre de coefficients AC non-nuls chiffrés est régulé à chaque groupe d'images comme illustré dans la figure 4.19. Les coefficients AC non-nuls des fréquences spatiales les plus basses sont chiffrés en priorité.

En outre, durant la crypto-compression, nous incluons le SSIM comme mesure de qualité entre chaque groupe d'images. Il est utilisé pour sélectionner le nombre de coefficients à chiffrer par macro-bloc, son fonctionnement en *trigger* est illustré figure 4.20. Le SSIM mesure la qualité de chaque trame du groupe d'images et si l'une d'entre elles est supérieure au seuil $SSIM_{max}$ de qualité fixé par l'utilisateur, le groupe d'images suivant est chiffré avec plus de coefficients chiffrés par macro-bloc ($C_{i+1} = C_i + 1$), où C_i est le

4.4. CHIFFREMENT DE TRAMES INTER

nombre de coefficients chiffrés par macro-bloc. Sinon, si le SSIM de chaque trame est sous le seuil $SSIM_{min}$ l'algorithme de chiffrement diminue le nombre de coefficients chiffrés ($C_{i+1} = C_i - 1$). Si la valeur du SSIM reste entre ces deux cas, le chiffrement reste identique ($C_{i+1} = C_i$).

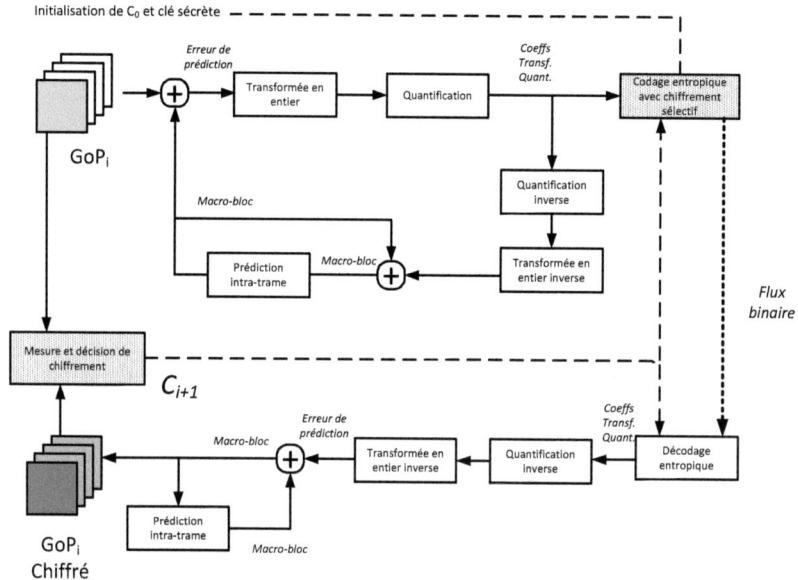

FIGURE 4.19 : Schéma de fonctionnement de la méthode de chiffrement sélectif proposée. Notons que dans cette méthode l'analyse de qualité s'effectue entre tous les groupes d'images.

104 CHAPITRE 4. ANALYSE DE LA RÉDUCTION DU RATIO DE CHIFFREMENT SÉLECTIF

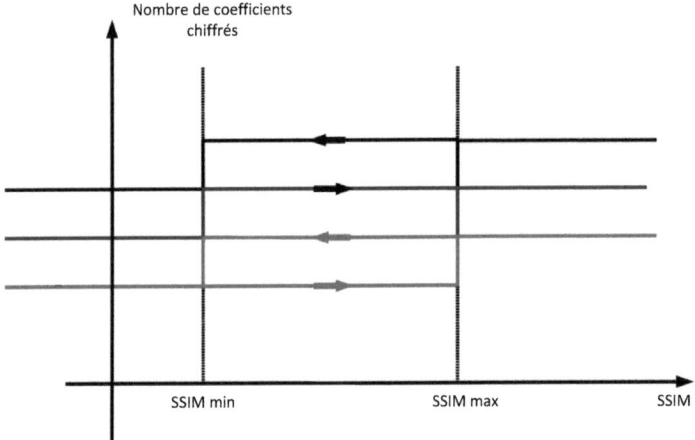

FIGURE 4.20 : Fonction de sélection en *trigger* du nombre de coefficients chiffrés : C_i est le nombre de coefficients chiffrés pour le groupe d'images i. Il y a augmentation et diminution du nombre de coefficients si le SSIM est respectivement inférieur ou supérieur aux seuils $SSIM_{min}$ et $SSIM_{max}$.

4.4.3 Résultats expérimentaux

Nous avons utilisé dans cette section trois séquences vidéo en QCIF : *foreman, mobile et football*. Nous avons compressé 120 trames pour chaque séquence vidéo. Les résultats relatifs aux mesures de qualité sont basés sur la luminance. En terme de chiffrement, nous considérons un bon niveau de confidentialité si le PSNR est inférieur à 13 dB et inférieur à 0,6 pour le SSIM. Toutes les vidéos ont été compressées avec un facteur de compression $QP = 32$, ce qui représente une compression modérée avec un PSNR final autour de 35 dB pour une séquence vidéo non-chiffrée.

Analyse de la propagation du chiffrement sélectif dans les trames *inter*

Dans cette section, nous analysons l'efficacité de la propagation du chiffrement dans les trames non-chiffrées. Dans nos expériences, seule la trame *intra* d'un groupe d'images est chiffrée, les trames *inter* ne le sont pas. Les figures 4.21 et 4.22 illustrent l'évolution de la qualité des trames suivant la taille des groupes d'images. Ces figures montrent que si le

4.4. CHIFFREMENT DE TRAMES INTER

groupe d'images est trop long, la protection visuelle diminue et devient inefficace car le PSNR sort de la zone de limite de confidentialité située entre 10dB et 15dB, et la zone cible entre 0,4 et 0,6 pour le SSIM. Expérimentalement, nous constatons que la taille maximale d'un groupe d'images doit se situer entre quatre et dix trames, après ce seuil, la confidentialité visuelle est fortement affectée. En outre, nous analysons la confidentialité visuelle des trames *inter* en utilisant la mesure de scintillement (BM) présentée dans la section 4.4.2. En effet, si l'effet de scintillement diminue avec le temps, ceci améliore la visualisation de la vidéo. La figure 4.23 illustre cette évolution. Nous supposons, d'après les résultat expérimentaux, que la BM doit rester supérieure à 1000 et selon les résultats expérimentaux de la figure 4.23, la taille d'un groupe d'images préservant la confidentialité est autour de dix trames.

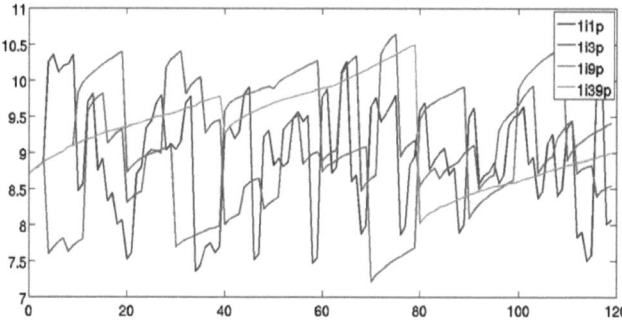

FIGURE 4.21 : Evolution du PSNR de la séquence vidéo *mobile* en fonction de la longueur du groupe d'images. En légende, sont inscrits les tailles des groupes d'images : 1 i pour une trame *intra* et X p pour le nombre de trames *inter*. Notons que le PNSR de la première trame de groupe d'images est variable : entre 7,4dB et 10,3dB. De plus, le PSNR augmente légèrement en fonction du temps, ce qui fait que dans les courbes 1i9p et ^{1}i39p la dernière trame du groupe d'images peut avoir une augmentation de 2dB par rapport à la première trame.

106 CHAPITRE 4. ANALYSE DE LA RÉDUCTION DU RATIO DE CHIFFREMENT SÉLECTIF

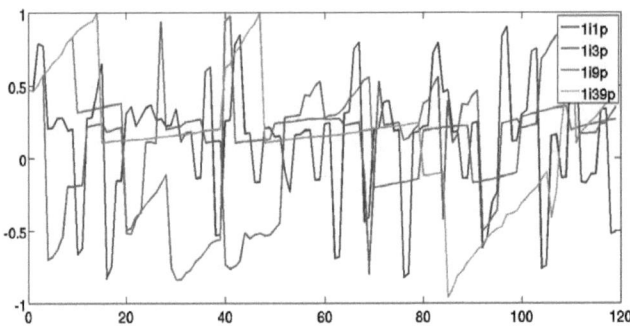

FIGURE 4.22 : Evolution du SSIM de la séquence vidéo *mobile* en fonction du la longueur du groupe d'images. En légende, sont inscrits les tailles des groupes d'images : 1 i pour une trame *intra* X p pour le nombre de trames *inter*.Notons que le SSIM de la première trame de groupe d'images est très variable : entre $-0,95$ et $0,95$. De plus, le SSIM augmente légèrement en fonction du temps, ce qui fait que dans les courbes 1i9p et ^{1}i39p la dernière trame du groupe d'images peut avoir une augmentation de $0,5$ par rapport à la première trame.

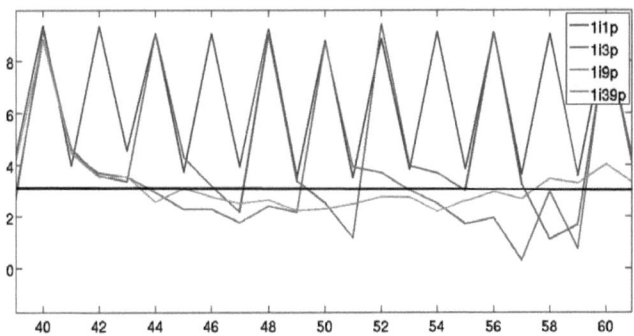

FIGURE 4.23 : Evolution logarithmique de la BM de la séquence vidéo *mobile* en fonction de la longueur du groupe d'images. En légende, sont inscrits les tailles des groupes d'images : 1 i pour une trame *intra* X p pour le nombre de trames *inter*. La ligne noire représente de seuil de confidentialité à 1000.

4.4. CHIFFREMENT DE TRAMES INTER

Dans les figures 4.21 et 4.22, nous pouvons remarquer que PSNR est toujours inférieur à 11 dB mais le SSIM se rapproche fortement de 1, ce qui souligne que la confidentialité visuelle n'est pas conservée dans toutes les parties des séquences vidéo. Comme le SSIM semble plus précis pour mesurer la confidentialité, nous allons l'utiliser plutôt que le PSNR dans notre nouveau système de chiffrement sélectif réduit présenté dans la section 4.4.3.

Chiffrement sélectif des coefficient AC non-nuls

Le tableau 4.3 présente les résultats de chiffrement sélectif avec une diminution de la quantité de coefficients AC non-nuls chiffrés. Notons que le PSNR et le SSIM augmentent quand le nombre de coefficients chiffrés diminue. Par rapport au seuil de confidentialité souhaité, le ratio de chiffrement est très variable. Cela nous indique que la connaissance du contenu de la séquence vidéo est cruciale pour proposer une confidentialité adéquate. Nous pouvons conclure qu'un chiffrement sélectif plus léger peut être appliqué à une vidéo tout en gardant une confidentialité visuelle adéquate. Dans la figure 4.24, seulement 8,83 % du flux binaire H.264/AVC est chiffré et le SSIM de la séquence vidéo est en-dessous du seuil de 0,6. En outre, nous pouvons souligner que le nombre de coefficients chiffrés peut être encore diminué car la majeure partie de la séquence vidéo a un SSIM en dessous du seuil de 0,4, c'est pourquoi nous proposons un schéma de chiffrement sélectif qui utilise une mesure de qualité pour améliorer le chiffrement. La figure 4.25 présente une application de la méthode de chiffrement sélectif proposée.

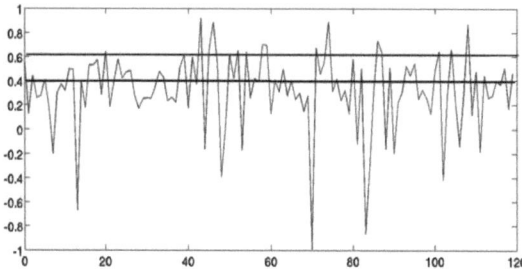

FIGURE 4.24 : Évolution du SSIM de la séquence vidéo *foreman* en fonction du numéro de trame. Dans cette expérience 8 coefficients non-nuls par macro-bloc ne sont pas chiffrés. Les lignes noires représentent les seuils de SSIM de 0,4 et 0,6. Notons que les résultats présentent des valeurs du SSIM négatives, quand elles sont très basses ($> -0,6$) elles indiquent une forte ressemblance aux trames originales car elles se rapprochent de l'inverse des trames.

108 CHAPITRE 4. ANALYSE DE LA RÉDUCTION DU RATIO DE CHIFFREMENT SÉLECTIF

Foreman	0	4	8	12	16
PSNR (dB)	9.35	8.76	11.55	12.15	14.70
SSIM	0.18	0.33	0.56	0.64	0.75
BM	9752	6591	5512	4371	3340
ER	12.1%	10.3%	8.31%	7.45%	6.86%
Football	0	4	8	12	16
PSNR (dB)	12.6	14.0	16.0	17.8	19.6
SSIM	0.11	0.23	0.36	0.45	0.53
BM	5611	4270	3849	3030	2321
ER	13.7%	11.1%	10.83%	9.97%	9.72%
Mobile	0	4	8	12	16
PSNR (dB)	8.81	8.91	9.23	9.34	9.78
SSIM	0.08	0.09	0.14	0.17	0.23
BM	10946	10494	9048	9113	8100
ER	17.6%	16.4%	15.2%	14.0%	12.9%

TABLE 4.3 : Valeurs moyennes pour chaque mesure de qualité, PSNR, SSIM et BM, pour les trois séquences vidéo en fonction du nombre de coefficients non-chiffrés par macro-bloc. ER représente le ratio de chiffrement. La diminution du nombre de coefficients chiffrés permet de diminuer sensiblement le ER. Cependant, le PSNR est aussi augmenté de manière non-négligeable.

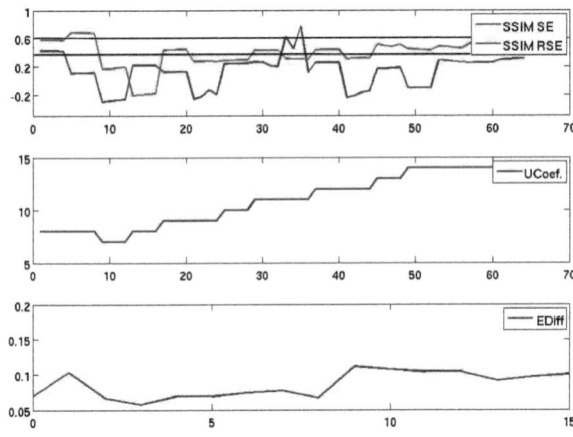

FIGURE 4.25 : a) Évolution du SSIM de la séquence vidéo *foreman* en fonction du numéro de trame, avec un groupe d'images de 4 trames, en utilisant la méthode SE-CAVLC en bleu (SSIM SE) et avec la méthode proposée en vert (SSIM RSE). b) Évolution du nombre de coefficients non-chiffrés (UCoef.) par macro-bloc en fonction du numéro de trame avec l'utilisation de la méthode proposée. c) Évolution de la différence de ratio de chiffrement ($ratio$) entre la méthode proposée et la méthode SE-CAVLC en fonction du numéro de groupe d'images. Notons que la méthode RSE-CAVLC permet de conserver la confidentialité visuelle entre les deux seuils souhaités.

4.5 Conclusion

Dans ce chapitre, nous avons mis en avant que l'erreur de prédiction de H.264/AVC permet de chiffrer indirectement les macro-blocs voisins d'un macro-bloc chiffré. Il faut, en particulier, chiffrer le premier macro-bloc de chaque trame car il n'est pas pas prédit et possède donc plus d'informations que les autres macro-blocs. De plus, l'ensemble des macro-blocs seront prédits en cascade à partir du premier macro-bloc, ce dernier est donc un macro-bloc clé pour la propagation spatiale du chiffrement sélectif.

Nous avons proposé un algorithme de chiffrement sélectif réduit RSE-CAVLC qui peut être appliqué à des séquences vidéo en H.264/AVC CAVLC. Lorsque nous combinons ce phénomène avec un chiffrement sélectif appliqué grâce une carte de chiffrement en damier, nous pouvons remarquer que la méthode RSE-CAVLC permet de réduire le ratio de chiffrement tout en gardant une confidentialité visuelle adéquate. En effet, en comparant la méthode RSE-CAVLC à la méthode SE-CAVLC [Shahid et al., 2011b], le PSNR des séquences vidéo chiffrées augmente de $1,5dB$ en moyenne et reste dans un ordre de grandeur de $10dB$ ce qui assure une bonne protection de la confidentialité visuelle. De plus, le ratio de chiffrement est divisé par deux (un macro-bloc sur deux est chiffré).

La carte de chiffrement utilisée en damier dans la section 4.2 peut être améliorée en gardant deux axes de développement : la réduction du ratio de chiffrement et le niveau de confidentialité visuelle mesuré à l'aide d'une mesure de qualité. Une amélioration est la mise en œuvre d'une mesure de qualité durant la compression en temps réel qui donnerait l'ordre de chiffrer ou non chaque macro-bloc. Le premier macro-bloc est chiffré et la qualité des macro-blocs suivants est mesurée localement. Cette approche permet de réduire le ratio de chiffrement de manière appropriée en fonction du contenu de la séquence vidéo et du niveau de confidentialité souhaité par l'utilisateur.

Une amélioration de la méthode RSE-CAVLC est présentée section 4.3. Cette approche, comme SE-CAVLC [Shahid et al., 2011b], conserve un flux conforme à la norme H.264/AVC. Dans cette méthode, nous avons ajouté un système de prédiction de la trame décodée et un système de décision de chiffrement basé sur des mesures de qualité. Ce système de décision décide s'il faut chiffrer ou non un macro-bloc en cours de traitement pendant le codage entropique. De cette façon, seuls les macro-blocs essentiels à la protection de la confidentialité visuelle sont chiffrés, et cela tout en gardant un PSNR global sous le seuil prédéfini par l'utilisateur. Cette approche permet de chiffrer seulement 15% en moyenne du flux binaire, cela dépendant bien entendu du seuil de PSNR prévu par l'utilisateur. Cependant, cette méthode nécessite des calculs supplémentaires dans le codeur H.264/AVC afin d'analyser la confidentialité du macro-bloc courant. Néanmoins, un gain de temps important en découle au moment du décodage.

Dans ce chapitre, la mesure de qualité utilisée a été essentiellement le PSNR et cela sur la base de la luminance uniquement. Malgré de bons résultats en termes de confidentialité, ce système peut être amélioré avec des mesures de qualité plus corrélées au SVH. Les contributions du chapitre tiennent compte de ces perspectives de développement.

110 CHAPITRE 4. ANALYSE DE LA RÉDUCTION DU RATIO DE CHIFFREMENT SÉLECTIF

Le chiffrement sélectif proposé pourrait intégrer d'autres mesures de qualité, comme le SSIM [Wang et al., 2003]. Cette nouvelle approche proposerait une meilleure précision de la qualité visuelle des macro-blocs chiffrés.

Ensuite, nous avons examiné la possibilité de propager le chiffrement dans le temps à travers les trames *inter* des groupes d'images et nous avons analysé le scintillement créé par cette technique à l'aide de la mesure de clignotement (BM). Cela donne la possibilité de ne chiffrer que les trames *intra* et de protéger les trames *inter* par prédiction. Mais cette méthode se limite à de petits groupes d'images.

Pour finir, nous avons développé une méthode de chiffrement sélectif réduit qui diminue le nombre de coefficients non-nuls chiffrés par macro-bloc avec l'algorithme SE-CAVLC. Nous avons intégré une mesure de qualité, le SSIM, qui contrôle cette quantité de coefficients chiffrés dans les trames *intra* des groupes d'images. Cela permet de diminuer le ratio de chiffrement tout en gardant une bonne confidentialité visuelle. Néanmoins, cette première méthode proposée ne prend pas en compte le scintillement créé par le chiffrement.

Les résultats présentés dans ce chapitre ont fait l'objet de trois publications dans des conférences internationales et une dans une conférence nationale.

Dubois, L. ; Puech, W. et Blanc-Talon, J.
Fast Protection of H.264/AVC with Reduced Selective Encryption of CAVLC
European Signal Processing COnference, 2011, September, Barcelona, Spain, pp 2185-2189.

Dubois, L. ; Puech, W. et Blanc-Talon, J.
Smart Selective Encryption of CAVLC for H.264/AVC Video
IEEE Worshop On Information Forensics and Security, 2011, November, Iguacu Falls, Brazil, pp 1-6.

Dubois, L. ; Puech, W. et Blanc-Talon, J.
Reduced Selective Encryption of Intra and Inter Frames of H.264/AVC using Psychovisual Metrics
IEEE International Conference on Image Processing, 2012, September, Orlando, Florida, USA, pp 2641-2644.

Dubois, L. ; Puech, W. et Blanc-Talon, J.
Chiffrement sélectif réduit de trames intra et inter de vidéos H. 264/AVC avec utilisation de métriques psychovisuelles
COmpression et REpresentation des Signaux Audiovisuels, 2012, Mai, Lille, France.

CHAPITRE

5

Méthodes de chiffrement liées à des mesures de confidentialité temporelles

Ce chapitre présente nos contributions en chiffrement sélectif de vidéo basé sur une réduction de l'espace de chiffrement dans le domaine temporel et sur le nombre de coefficients chiffrés par macro-bloc. De plus, nous proposons une méthode pour étudier les mesures de confidentialité. Dans la section 5.2 nous proposons la mesure TSSIM, conçue pour étudier le scintillement dans des séquences vidéo. En section 5.3, nous présentons une méthode de chiffrement sélectif basée sur le SSIM et une mesure de dégradation temporelle le TSSIM. Enfin, en section 5.4 nous proposons une campagne d'évaluation pour les mesures de confidentialité.

5.1 Introduction

Dans le chapitre 4, nous avons montré que le chiffrement sélectif d'un macro-bloc pouvait être transmis à d'autres macro-blocs spatialement et temporellement. Ceci est dû à l'erreur de prédiction du codeur H.264/AVC qui permet de transmettre dans le flux binaire H.264/AVC seulement la différence entre des macro-blocs voisins afin d'optimiser les capacités de compression. Ainsi, un chiffrement sélectif peut être transmis de macro-bloc en macro-bloc si ces derniers sont prédits à partir d'un macro-bloc chiffré. Cette méthode de chiffrement fonctionne aussi de manière temporelle. Dans un groupe d'images, les trames *inter* sont construites à partir de prédictions entre elles-même ou à partir de la trame *intra*. Il est donc possible de créer une méthode qui limite aussi le ratio de chiffrement mais qui est en plus basée sur les prédictions temporelles. De plus, une stratégie supplémentaire pour réduire le ratio de chiffrement consiste à limiter au minimum le nombre de coefficients chiffrés par macro-bloc dans la méthode SE-CAVLC. En effet, si seulement les coefficients les plus importants sont chiffrés, alors la confidentialité visuelle sera préservée et le ratio de chiffrement réduit.

L'effet de scintillement est très important quand un utilisateur observe une vidéo chiffrée. Actuellement, il n'existe pas de mesure réellement efficace pour le mesurer. Tout l'enjeu est de trouver une méthode pour développer cette mesure afin de l'utiliser en analyse et en développement d'algorithmes de chiffrement sélectif. La combinaison de mesures de qualité avec le chiffrement sélectif est essentielle pour assurer le contrôle du chiffrement tout au cours de la création du flux H.264/AVC crypto-compressé. Ces mesures de qualité doivent à la fois analyser l'aspect spatial de la protection, mais aussi l'aspect temporel.

Enfin, le développement de mesures de qualité spécifiques à la confidentialité est un domaine à explorer. Ainsi, la communauté aurait des outils réellement corrélés au SVH pour ces expériences. Ces mesures, appelées mesures de confidentialité, pourraient soit être des mesures de qualité de la littérature qui sont très efficaces dans des cas d'images et de vidéos chiffrées, soit elles devront être développées.

5.2 TSSIM

Dans les chapitres 3 et 4, nous avons discuté du scintillement, cet effet visuel qui perturbe le visionnage dans le temps d'une vidéo. Il est nécessaire de pouvoir quantifier cet effet afin de pouvoir intégrer une mesure de scintillement dans un algorithme de chiffrement sélectif qui prend en compte la confidentialité visuelle de la vidéo pendant la crypto-compression.

Afin de mesurer et de quantifier ce phénomène, nous avons développé une mesure basée sur le SSIM. Cette mesure est appliquée sur des images successives d'une séquence vidéo. Nous avons choisi de baser la métrique sur le SSIM, car SSIM est une excellente mesure en termes de sensibilité psychovisuelle. Cette mesure est très corrélée au système visuel humain (SVH). Notre mesure, nommée SSIM Temporel (TSSIM, en anglais *Temporal SSIM*), nous permet de mesurer les variations entre la différence de deux trames originales compressées et deux trames chiffrées :

$$T-SSIM_{(}I_O, I_e)(i) = SSIM(|I_O(i) - I_O(i-1)|, |I_e(i) - I_e(i-1)|), \tag{5.1}$$

où $I_O()$ est la trame originale comprimée et $I_e()$ la trame chiffrée.

Avec le TSSIM nous pouvons analyser le scintillement entre deux images successives d'une séquence vidéo chiffrée. La plage de valeurs pour le TSSIM est la même que pour SSIM, *i.e.* s'il est supérieur à 0,6 le scintillement n'est pas vraiment marqué, et en dessous de 0,4, nous considérons qu'il est suffisant pour la confidentialité visuelle de la vidéo. La dernière plage comprise entre 0,4 et 0,6 est une zone de transition qui doit être analysée au cas par cas.

La figure 5.1 illustre les mesures de qualité de deux trames successives de séquences vidéo. Elles sont toutes les deux chiffrées avec un chiffrement total. Les résultats des mesures de qualité présentent un cas de confidentialité parfaite avec un PSNR proche de 7 dB et les SSIM et les TSSIM proche de 0.

5.2. TSSIM

PSNR = 8,19 dB, SSIM = 0,001.

PSNR = 8,04 dB, SSIM = 0,013.
TSSIM = 0,012.

PSNR = 8,924 dB, SSIM = 0,006.

PSNR = 9,06 dB, SSIM = 0,016.
TSSIM = 0,012.

FIGURE 5.1 : Chiffrement complet de deux trames successives de la séquence vidéo *ardrone* (en haut) et de la séquence *movie* (en bas). Le PSNR et le SSIM entre la trame chiffrée et la trame originale sont indiqués. Le TSSIM entre les deux trames successives chiffrées est également indiqué. Dans ce cas extrême nous pouvons remarquer que le TSSIM donne des résultats très similaires au SSIM, c'est à dire proche de 0. Ceci indique une décorrélation parfaite entre les images originales et les images chiffrées, preuve d'un excellent chiffrement.

5.3 Chiffrement réduit avec TSSIM et SSIM

Dans cette section, nous présentons une méthode de chiffrement sélectif basée sur la réduction du nombre de coefficients chiffrés par macro-bloc. Cette réduction est contrôlée par une combinaison du SSIM et du TSSIM présenté section 5.2. La section 5.3.1 décrit la méthode de contrôle et de chiffrement sélectif alors que la section 5.3.2 présente des résultats expérimentaux de la méthode proposée.

5.3.1 Principe

Cette section est divisée en plusieurs parties. Tout d'abord un aperçu de notre méthode proposée est présenté. Nous expliquons, ensuite, l'ajustement du nombre de coefficients chiffrés par macro-bloc en fonction des mesures de qualité. Enfin, nous présentons différentes stratégies pour décoder la vidéo chiffrée.

Vue d'ensemble

Le but des algorithmes de chiffrement sélectif est de diminuer la quantité de données chiffrées, afin de réduire le temps de traitement dû au chiffrement. Dans les chapitres 2 et 4, nous avons déduit de notre analyse que le chiffrement des coefficients AC non-nuls est généralement suffisant pour protéger visuellement la vidéo. De plus, la section 4.4.1 montre que le chiffrement sélectif peut être propagé de manière spatiale et temporelle. Le nombre de coefficients chiffrés par macro-bloc est aussi modifiable suivant les besoins de protection.

Notre méthode proposée vise à parvenir à une réduction intelligente des coefficients AC chiffrés en la combinant à une mesure de qualité et une mesure de scintillement pour évaluer la confidentialité visuelle de la séquence vidéo chiffrée. Nous utilisons l'algorithme SE-CAVLC comme algorithme de chiffrement.

Ajustement des coefficients chiffrés

Dans notre schéma de chiffrement sélectif, les trois composantes (luminance et deux chrominances) de chaque trame sont affectées par le chiffrement sélectif. Pour chaque groupe d'images, nous proposons deux méthodes pour appliquer le chiffrement sélectif. Nous proposons comme schéma de fonctionnement l'algorithme illustré figure 5.2.

Dans la première méthode, seule la première trame (*intra*) du groupe d'images GoP_i est chiffrée. C'est une méthode suffisante pour assurer la confidentialité de l'ensemble des trames du GoP_i dans des cas de séquences vidéo en basse résolution.

5.3. CHIFFREMENT RÉDUIT AVEC TSSIM ET SSIM

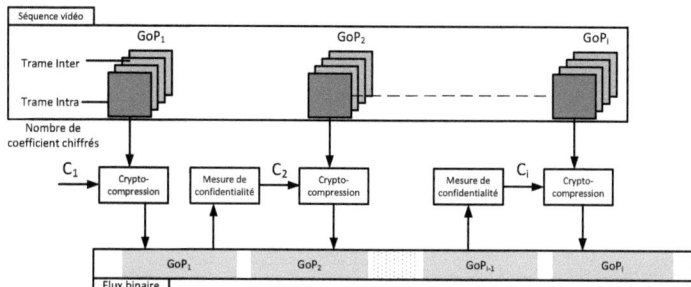

FIGURE 5.2 : Schéma général de la méthode de chiffrement sélectif proposée. L'analyse de qualité est effectuée entre chaque groupe d'images.

Dans la deuxième méthode, nous proposons de chiffrer sélectivement l'ensemble du GoP_i. Au niveau des coefficients AC non-nuls à chiffrer, les basses fréquences sont chiffrées en priorité en fonction du nombre de coefficients non-chiffrés choisi, tel qu'illustré dans la figure 5.3. Dans le schéma de compression du standard H.264/AVC, les hautes fréquences sont codées en premier en raison de la lecture en zigzag inverse dans le codeur entropique.

Nous avons intégré un système de mesures entre le GoP_i et le GoP_{i+1}, afin de mesurer la qualité visuelle de la composante de luminance. Ainsi, le système contrôle la quantité de coefficients à chiffrer en fonction des résultats du précédent GoP_i. Les mesures utilisées pour nos expérimentations sont le SSIM et le TSSIM détaillées dans la section 5.2. Un seuil maximal et un seuil minimal pour chacune de ces mesures de qualité sont définis. Le contrôle du nombre de coefficients à chiffrer est un algorithme qui fonctionne en *trigger* :

Algorithm 1: Réglage du nombre de coefficients non-nuls chiffrés. Calcul de C_i, le nombre de coefficients chiffrés pour le GoP_i, max et min sont les limites supérieures et inférieures pour les mesures de qualité. $SSIM_i$ est le SSIM maximal pour chaque trame du GoP_i. $TSSIM_i$ est le TSSIM maximum de la dernière trame du GoP_{i-1} par rapport à la première image du GoP_i selon le schéma de chiffrement *intra*. Dans le schéma de chiffrement *inter* $TSSIM_i$ est le TSSIM maximum du GoP_i.

si $(SSIM_i > SSIM_{max}$ ou $TSSIM_i > TSSIM_{max})$ **alors**
    $C_{i+1} \leftarrow C_i + 1$
sinon
    si $(TSSIM_i < TSSIM_{min}$ et $SSIM_i < SSIM_{min})$ **alors**
        $C_{i+1} \leftarrow C_i - 1$
    sinon
        $C_{i+1} \leftarrow C_i$
    fin si
fin si

Ces mesures de qualité contrôlent la confidentialité visuelle de chaque trame du GoP_i et si le résultat d'une des mesures de qualité est au-dessus de l'un des seuils maximaux fixés, le GoP_{i+1} suivant sera codé avec plus de coefficients chiffrés $(C_{i+1} \leftarrow C_i + 1)$, si elles sont en dessous des deux seuils minimaux, nous réduisons alors le nombre de coefficients chiffrés $(C_{i+1} \leftarrow C_i - 1)$. Avec la méthode de chiffrement sélectif proposée, le chiffrement dépend des mesures de qualité et varie suivant les contenus des séquences vidéo.

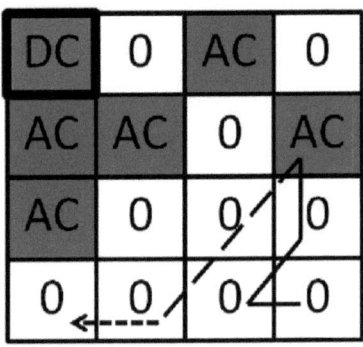

FIGURE 5.3 : Lecture en zig-zag d'un macro-bloc 4×4 durant le codage entropique. Le coefficient DC est codé indépendamment et les coefficients AC non-nuls sont représentés en *rouge*.

5.3. CHIFFREMENT RÉDUIT AVEC TSSIM ET SSIM

Déchiffrement

Au cours de l'étape de décodage, le système doit connaître le nombre de coefficients chiffrés par macro-bloc (valeur de C_i) afin de déchiffrer correctement la séquence vidéo. Plus précisément, le décodeur doit savoir si la valeur C_i a été incrémentée ou décrémentée par rapport à la précédente valeur C_{i-1}. En effet, la trame initiale est la seule qui nécessite de connaître le nombre initial de coefficients chiffrés C_0.

Pour répondre à ce problème, deux méthodes peuvent être appliquées : d'une part, l'information peut être codée dans les données d'en-tête de chaque macro-bloc, d'autre part, la valeur de l'incrémentation, ou même C_i, peut être cachée dans le coefficient DC des premiers macro-blocs de chaque trame en utilisant une méthode de tatouage. Le coefficient DC peut être tatoué sans affecter le chiffrement, car les coefficients DC sont codés indépendamment des coefficients AC. Le tatouage doit être effectué pendant la boucle de prédiction afin d'être considéré par l'erreur de prédiction tel que présenté dans [Shahid et al., 2011a], sinon des dérives se produiraient dans les trames décodées.

5.3.2 Résultats expérimentaux

Pour nos résultats expérimentaux, nous avons utilisé huit séquences vidéo de référence, quatre avec une résolution CIF (352 × 288 pixels) : *city*, *foreman*, *hall* et *mobile*; deux avec une résolution de 640 × 352 pixels : *Big Buck Bunny* et *venise fly*; deux autres en HD : *movie* avec une résolution de 1920 × 800 pixels et *ardrone fly* avec une résolution 1280 × 720 pixels. Ces séquences vidéo montrent différentes combinaisons de mouvements, de couleurs, de contrastes et d'objets. En termes de chiffrement, nous considérons que nous préservons la confidentialité si le PSNR est inférieur à 13 dB, le SSIM inférieur à 0,6 et le TSSIM inférieur à 0,6. Toutes les vidéos ont été compressées avec un facteur de quantification $QP = 24$, ce qui représente un bon compromis entre qualité et compression avec un PSNR d'environ 35 dB pour une séquence vidéo compressée.

La taille du groupe d'images qui optimise le ratio de chiffrement et la confidentialité, doit également être analysée. Une première étude a été proposée dans le chapitre 4 et il est préférable que la taille du groupe d'images soit inférieure à 16 trames pour les séquences vidéo de 30 images par seconde. Si la taille du groupe d'images est supérieure à 16, alors le scintillement causé par l'algorithme de chiffrement ne préserve plus correctement la confidentialité visuelle.

Les quatre séquences vidéo CIF et les deux séquences en 640 × 352 pixels sont codées avec un groupe d'images de 4 trames, les deux vidéos HD sont codées de deux façons, avec des groupes d'images de 2 trames, soit avec des groupes d'images de 4 trames. Les résultats sont répartis en deux parties : les séquences basse résolution (6 vidéos) et les séquences haute résolution (2 vidéos).

Chiffrement sélectif des trames *intra* des groupes d'images

Dans cette section, nous présentons des résultats expérimentaux sur le chiffrement de la trame *intra* uniquement pour un groupe d'images. Cette section est divisée en deux parties : le cas des séquences vidéo en basse résolution et le cas des séquences vidéo en haute résolution.

Résultats pour les séquences vidéo en basse résolution

	SSIM		TSSIM		AoUC	ER-SSE	ER-SE
	Moy	EcT	Moy	EcT	Moy	(%)	(%)
Cit	0.46	0.17	0.40	0.24	9.05	**16.78**	19.31
For	0.48	0.16	0.53	0.28	9.53	**12.94**	15.83
Hal	0.51	0.05	0.72	0.38	12.1	**12.37**	17.53
Mob	0.33	0.08	0.39	0.20	42.3	**18.56**	25.51
BBB	0.53	0.17	0.71	0.33	28.6	**13.92**	20.15
Ven	0.57	0.08	0.57	0.27	0.81	**13.07**	13.76

TABLE 5.1 : Résultats de chiffrement sélectif des six séquences vidéo en basse résolution où seule la trame *intra* d'un groupe d'images de 4 trames est chiffrée. Les résultats sont présentés en termes de moyenne et d'écart type pour le SSIM et le TSSIM, en moyenne pour le nombre de coefficients non-chiffrés (AoUC) par macro-bloc et en (%) pour le ratio de chiffrement pour la méthode proposée (ER-SSE) et la méthode SE-CAVLC (ER-SE) [Shahid et al., 2011b].

En étudiant les résultats pour les séquences vidéo en basse résolution, nous pouvons conclure que la méthode de chiffrement sélectif proposée tend à orienter les résultats des mesures de qualité entre les deux seuils de confidentialité, tel que présenté dans le tableau 5.1. Toutefois, le nombre de coefficients chiffrés varie en fonction de la vidéo avec un ratio de chiffrement qui varie entre 12,37% et 18,56% pour notre modèle de séquences vidéo. Ces résultats mettent en évidence que notre méthode de protection dépend du contenu de la vidéo. Par exemple, les textures sont souvent plus affectées par le chiffrement que les régions uniformes des vidéos en raison de la quantité des coefficients AC, en particulier pour la séquence vidéo *mobile*. En revanche, le TSSIM est simplement mesuré lors du changement de groupe d'images, et, dans ce cas, le TSSIM est toujours sous le seuil minimum comme illustré en figure 5.4 pour la séquence vidéo *foreman*. Néanmoins, notons l'adaptation du chiffrement au contenu dans cette image. La qualité des trames chiffrées est nettement au dessus du seuil 0,6 et, en conséquent, le nombre de coefficients non-chiffrés diminue jusqu'à arriver à un chiffrement sélectif maximum. Ensuite, le chiffrement se réadapte au nouveau contenu. Ce cas présenté montre bien l'adaptation de la

5.3. CHIFFREMENT RÉDUIT AVEC TSSIM ET SSIM

méthode de chiffrement au contenu, mais il souligne aussi que la méthode d'incrémentation du nombre de coefficients non-chiffrés est lente. Cependant, des changements plus importants nécessiteraient plus d'information à tatouer pour le décodeur/déchiffreur.

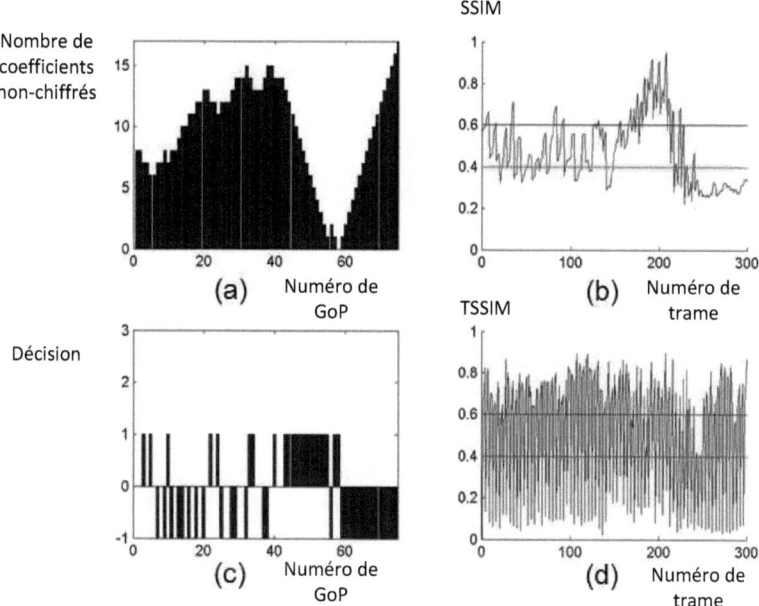

FIGURE 5.4 : Chiffrement sélectif de la séquence vidéo *foreman* (300 trames) avec la méthode proposée, le groupe d'images est de 4 trames, seules les trames *intra* sont chiffrées. a) Le nombre de coefficients non-chiffrés en fonction du groupe d'images. b) SSIM de la séquence vidéo chiffrée en fonction du numéro de trame. c) Décision sur le nombre de coefficients : la valeur -1 est l'ordre pour diminuer le chiffrement car SSIM et TSSIM sont en-dessous de leurs seuils minimums respectifs. La valeur 0 conserve le même réglage. La valeur 1 augmente le chiffrement en raison d'un SSIM trop élevée. La valeur 2 augmente le chiffrement en raison d'un TSSIM trop élevé. La valeur 3 si les deux sont trop hauts. d) TSSIM de la vidéo chiffrée en fonction du numéro de trame.

CHAPITRE 5. MÉTHODES DE CHIFFREMENT LIÉES À DES MESURES DE CONFIDENTIALITÉ TEMPORELLES

Le chiffrement de la seule trame *intra* n'est pas la méthode la plus efficace, car entre les trames *inter* d'un groupe d'images, le TSSIM est trop élevé. La méthode proposée ne fonctionne que dans des cas de groupes d'images très courts.

Résultats pour les séquences vidéo en haute résolution

Avec une analyse subjective de la confidentialité des séquences vidéo en haute résolution qui ont été codées avec un groupe d'images de 4 trames, nous remarquons immédiatement que le chiffrement unique de la trame *intra* n'est pas suffisant. Dans la quatrième trame de chaque groupe d'images, et parfois dans la troisième trame, certaines régions d'intérêt sont clairement visibles en raison des faibles données de prédiction dans la reconstruction des macro-blocs à travers le groupe d'images. Un exemple caractéristique est illustré dans la figure 5.5. Dans cette région d'intérêt contenant un véhicule, nous pouvons voir clairement que la région d'intérêt n'est pas bien protégée dans les deux dernières images du groupe d'images de 4 trames alors que la protection reste efficace pour deux groupes d'images de 2 trames.

Les résultats des groupes d'images de 2 trames sont illustrés figure. 5.6 et figure 5.7. Ils montrent clairement que le niveau de chiffrement dépend du contenu de la séquence vidéo. Dans la figure 5.6, la séquence vidéo *ardrone fly*, les différents mouvements du drone affectent le contenu de la séquence vidéo et en conséquent la qualité de chiffrement. C'est pourquoi nous pouvons remarquer des variations rapides du nombre de coefficients chiffrés. Dans la figure 5.7, la séquence vidéo *movie*, le changement de scènes durant la vidéo affecte considérablement le chiffrement. Nous pouvons remarquer dans cette vidéo que même si le chiffrement sélectif est réglé à sa valeur maximale, le SSIM reste trop élevé en raison du contenu visuel de la fin de la séquence vidéo.

FIGURE 5.5 : Une région d'intérêt de la séquence vidéo *ar-drone* : a) Un chiffrement sélectif uniquement de l'image *intra* de groupes d'images de 2 trames, b) Un chiffrement sélectif uniquement de l'image *intra* d'un groupe d'images de 4 trames. Notons que la ROI de la voiture est clairement identifiable dans les deux dernières images de la ligne b).

5.3. CHIFFREMENT RÉDUIT AVEC TSSIM ET SSIM

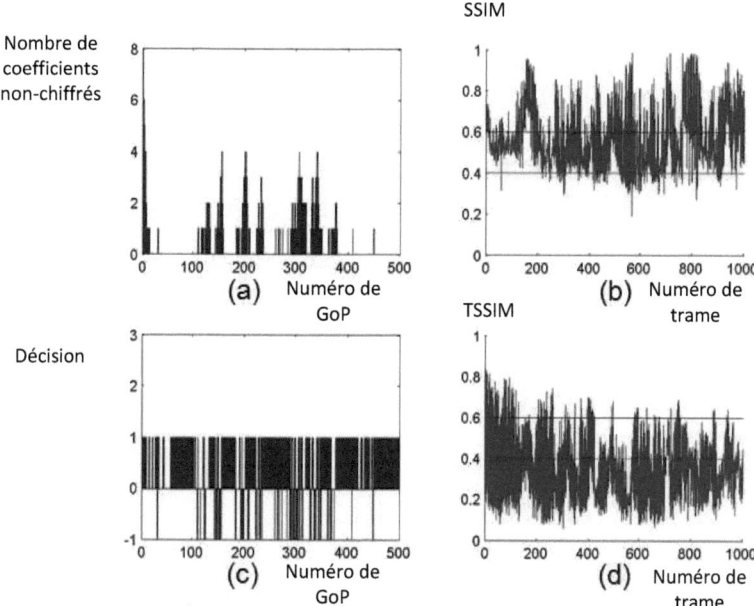

FIGURE 5.6 : Chiffrement sélectif de la séquence vidéo *ar-drone* (1000 trames) avec la méthode proposée, le groupe d'images est de 2 trames, seules les trames *intra* sont chiffrées. a) Le nombre de coefficients non-chiffrés en fonction du groupe d'images. b) SSIM de la séquence vidéo chiffrée en fonction du numéro de trame. c) Décision sur le nombre de coefficients. d) TSSIM de la séquence vidéo chiffrée en fonction du numéro de trame.

122   CHAPITRE 5. MÉTHODES DE CHIFFREMENT LIÉES À DES MESURES DE
CONFIDENTIALITÉ TEMPORELLES

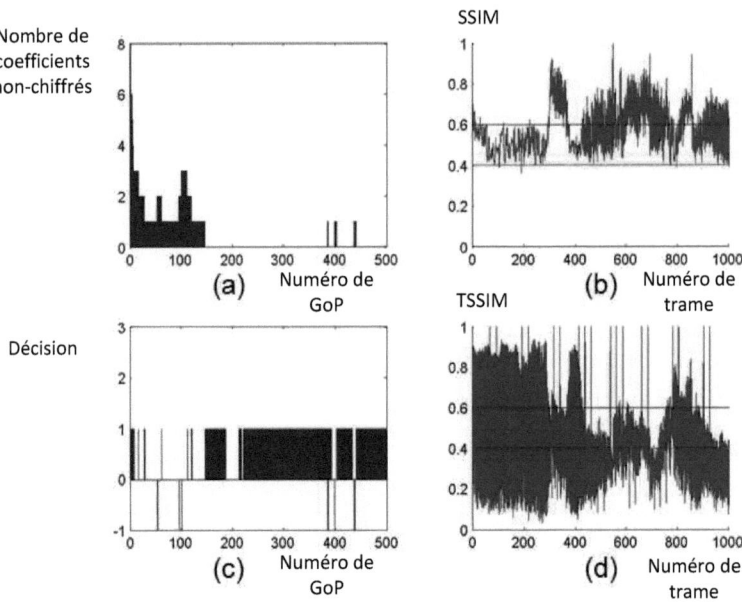

FIGURE 5.7 : Chiffrement sélectif de la séquence vidéo *movie* (1000 trames) avec la méthode proposée, le groupe d'images est de 2 trames, seules les trames *intra* sont chiffrées. a) Le nombre de coefficients non-chiffrés en fonction du groupe d'images. b) SSIM de la séquence vidéo chiffrée en fonction du numéro de trame. c) Décision sur le nombre de coefficients. d) TSSIM de la séquence vidéo chiffrée en fonction du numéro de trame.

Dans la figure 5.8, le TSSIM et le SSIM sont correctement contrôlés, et le nombre de coefficients non-chiffrés est à un niveau stable à la fin de la séquence vidéo. Dans la figure 5.9, le TSSIM et le SSIM ont un comportement chaotique, en particulier le TSSIM, qui est proche de 1 à la fin du groupe d'images. En comparaison avec la figure 5.8 et la figure 5.9, où est appliqué un chiffrement sélectif de la seule trame *intra* d'un groupe d'images de 4 trames, les résultats respectifs de la figure 5.6 et figure 5.7 sont meilleurs en termes de SSIM et TSSIM. Cela souligne la nécessité de garder un groupe d'images pour les séquences vidéo en haute résolution. Dans les cas des séquences vidéo en haute réso-

5.3. CHIFFREMENT RÉDUIT AVEC TSSIM ET SSIM

lution, la taille des macro-blocs est faible par rapport à la taille des régions d'intérêts. De plus, les macro-blocs n'ont pas beaucoup de coefficients AC après la transformation et la quantification. C'est pourquoi la protection visuelle de séquences vidéo en haute résolution est peut être moins efficace pour le même nombre de coefficients chiffrés par rapport aux expérimentations avec des séquences vidéo en basse résolution.

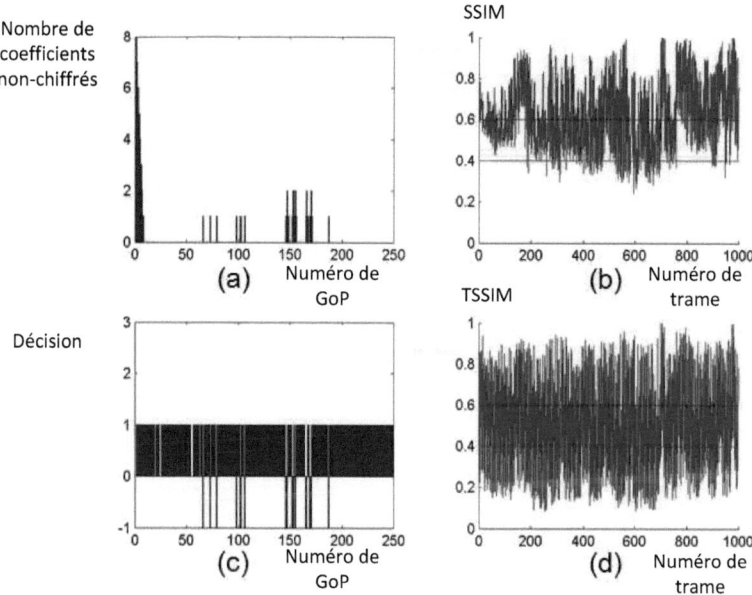

FIGURE 5.8 : Chiffrement sélectif de la séquence vidéo *ar-drone* (1000 trames) avec la méthode proposée, le groupe d'images est de 4 trames, seules les trames *intra* sont chiffrées. a) Le nombre de coefficients non-chiffrés en fonction du groupe d'images. b) SSIM de la séquence vidéo chiffrée en fonction du numéro de trame. c) Décision sur le nombre de coefficients. d) TSSIM de la séquence vidéo chiffrée en fonction du numéro de trame.

CHAPITRE 5. MÉTHODES DE CHIFFREMENT LIÉES À DES MESURES DE CONFIDENTIALITÉ TEMPORELLES

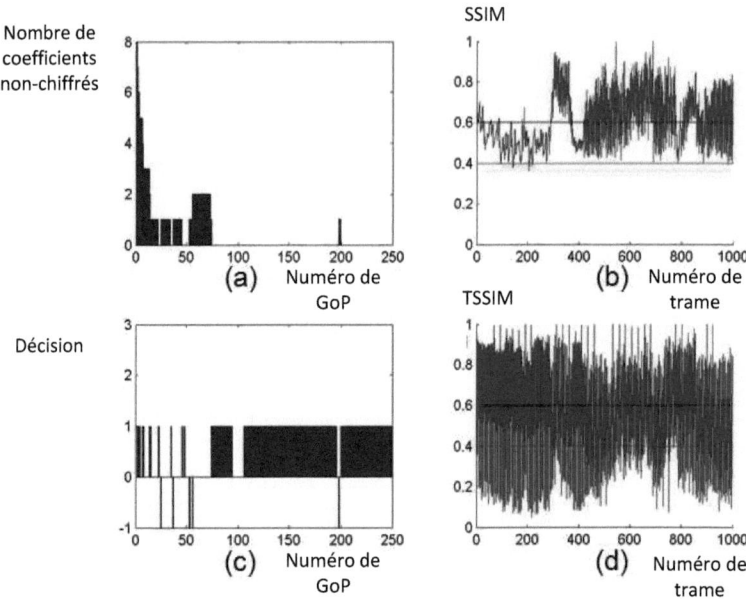

FIGURE 5.9 : Chiffrement sélectif de la séquence vidéo *movie* (1000 trames) avec la méthode proposée, le groupe d'images est de 4 trames, seules les trames *intra* sont chiffrées. a) Le nombre de coefficients non-chiffrés en fonction du groupe d'images. b) SSIM de la séquence vidéo chiffrée en fonction du numéro de trame. c) Décision sur le nombre de coefficients. d) TSSIM de la séquence vidéo chiffrée en fonction du numéro de trame.

Chiffrement sélectif des trames *intra* et *inter* des groupes d'images

Les résultats expérimentaux du chiffrement sélectif de toutes les trames d'un groupe d'images sont présentés dans cette section : nous analysons d'abord les résultats sur les séquences en basse résolution et ensuite les résultats sur les séquences en haute résolution.

5.3. CHIFFREMENT RÉDUIT AVEC TSSIM ET SSIM

Résultats pour les séquences vidéo en basse résolution

| | SSIM | | TSSIM | | AoUC | ER-SSE | ER-SE |
	Moy	EcT	Moy	EcT	Moy	(%)	(%)
Cit	0.39	0.09	0.35	0.19	10.22	**16.53**	19.52
For	0.38	0.12	0.46	0.26	1.44	**16.25**	17.34
Hal	0.40	0.06	0.72	0.39	0.48	**17.23**	18.01
Mob	0.32	0.08	0.37	0.19	41.04	**18.87**	26.51
BBB	0.32	0.14	0.67	0.35	0.21	**19.89**	20.29
Ven	0.54	0.08	0.55	0.27	0.14	**13.22**	13.93

TABLE 5.2 : Résultats de chiffrement sélectif des six séquences vidéo en basse résolution où la trame *intra* et les trames *inter* d'un groupe d'images de 4 trames sont chiffrées. Les résultats sont présentés en termes de moyenne et d'écart type pour le SSIM et le TSSIM, en moyenne pour le nombre de coefficients non-chiffrés (AoUC) par macro-bloc et en (%) pour le ratio de chiffrement pour la méthode proposée (ER-SSE) et la méthode SE-CAVLC (ER-SE) [Shahid *et al.*, 2011b].

Le tableau 5.2 présente les résultats expérimentaux pour les six séquences vidéo en basse résolution de référence. Nous pouvons noter que les mesures de qualité ont tendance à être entre les deux seuils de confidentialité souhaités avec différents ratios de chiffrement qui varient entre 13,12 % et 19,89 %. Les résultats en termes de SSIM et TSSIM sont meilleurs que la méthode où seules les trames *intra* sont chiffrées. Les résultats en termes de moyenne et d'écart-type indiquent un bon niveau de confidentialité des séquences vidéo chiffrées. De plus, ce niveau dépend toujours du contenu vidéo comme nous avons pu le constater dans les résultats présentés dans le tableau 5.1. Nous pouvons remarquer que même si le ratio de chiffrement est légèrement augmenté (chiffrement des trames *inter*), le chiffrement est mieux répandu au travers du groupe d'images, ce qui accroît la confidentialité visuelle. En termes d'écart-type, les fortes variations dans les résultats de TSSIM soulignent que même si les trames *inter* sont chiffrées, il est conseillé de garder une petite taille de groupe d'images.

Le chiffrement est un processus pseudo-aléatoire et nous ne pouvons pas prédire avec précision la confidentialité visuelle d'un groupe d'images suivant lors du réglage des coefficients chiffrés. Cependant, nous pouvons guider le chiffrement sélectif afin d'obtenir la confidentialité souhaitée, voir la figure 5.10.

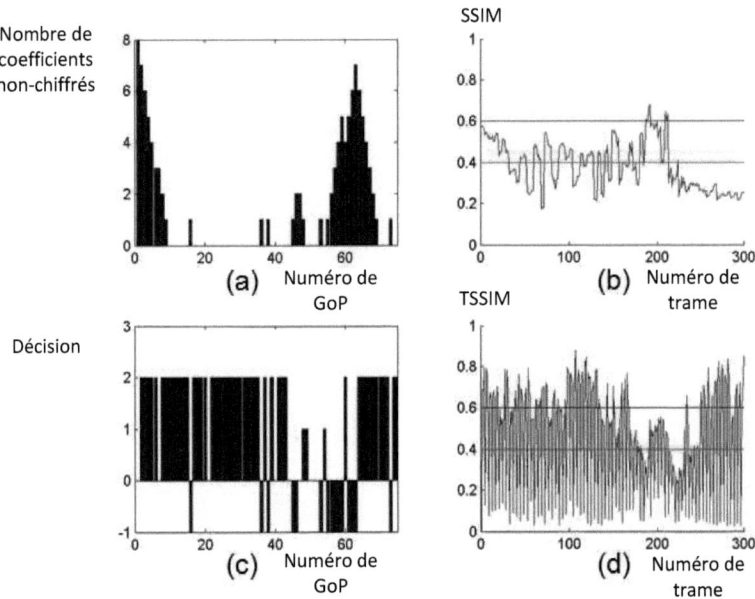

FIGURE 5.10 : Chiffrement sélectif de la séquence vidéo *foreman* (300 trames) avec la méthode proposée, le groupe d'images est de 4 trames, seules les trames *intra* sont chiffrées. a) Le nombre de coefficients non-chiffrés en fonction du groupe d'images. b) SSIM de la séquence vidéo chiffrée en fonction du numéro de trame. c) Décision sur le nombre de coefficients. d) TSSIM de la séquence vidéo chiffrée en fonction du numéro de trame.

5.3. CHIFFREMENT RÉDUIT AVEC TSSIM ET SSIM 127

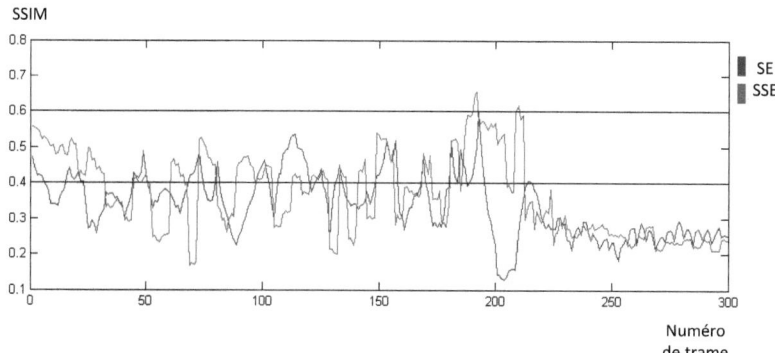

FIGURE 5.11 : Evolution du SSIM de la séquence vidéo *foreman* en fonction du numéro de trame. En bleu avec la méthode SE-CAVLC, en rouge avec la méthode proposée. Notons que les deux méthodes présentent des résultats similaires en termes de confidentialité visuelle. Cependant, il doit être relevé que la méthode proposée possède un ER plus faible de 1,09%.

La figure 5.11 présente une comparaison en termes de SSIM entre la méthode proposée et la méthode SE-CAVLC [Shahid et al., 2011b]. Le ratio de chiffrement est diminué de 1,09 % (17,34 % de ratio de chiffrement pour la méthode SE-CAVLC sur la séquence vidéo *foreman*) et nous maintenons la confidentialité visuelle entre les deux seuils de confidentialité souhaités. Le SSIM moyen est augmenté de 0,02 avec la méthode proposée (0,36 de SSIM moyen pour la méthode SE-CAVLC sur la séquence vidéo *foreman*). En comparaison, lorsque la confidentialité est suffisante nous pouvons alléger le chiffrement sélectif alors que la méthode SE-CAVLC continue de chiffrer à son maximum.

Résultats pour les séquences vidéo en haute résolution

Les figures 5.12 et 5.13 présentent des résultats de la méthode de chiffrement sélectif réduit appliquée aux séquences vidéo en haute résolution. Notons que le chiffrement est efficace pour la séquence vidéo *ardrone fly* en termes de SSIM et de TSSIM. Nous remarquons clairement qu'avec ce chiffrement sélectif sur les trames *inter* sur un groupe d'images de quatre trames, les résultats du TSSIM sont moins chaotiques qu'avec la méthode basée sur les trames *intra*. Le chiffrement sélectif est également efficace en termes de SSIM pour la séquence vidéo *movie*, mais le scintillement des images chiffrées n'est pas parfaitement affecté. Cela confirme la nécessité de garder des petits groupes d'images pour avoir un scintillement perturbant. Ceci est probablement causé par le manque d'informations dans les macro-blocs de la vidéo. En effet, s'il n'y a pas assez de coefficients à permuter, le chiffrement ne peut pas être réellement efficace.

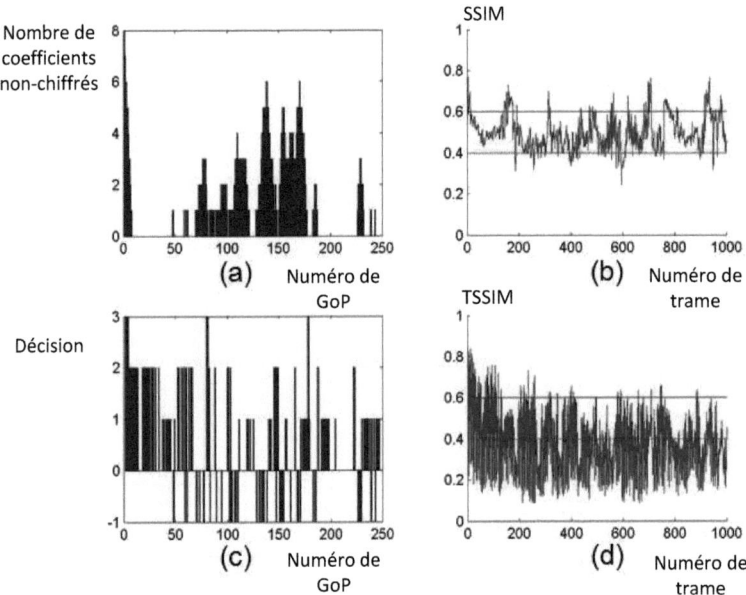

FIGURE 5.12 : Chiffrement sélectif de la séquence vidéo *ar-drone* (1000 trames) avec la méthode proposée, le groupe d'images est de 4 trames, les trames *intra* et les trames *inter* sont chiffrées. a) Le nombre de coefficients non-chiffrés en fonction du groupe d'images. b) SSIM de la séquence vidéo chiffrée en fonction du numéro de trame. c) Décision sur le nombre de coefficients. d) TSSIM de la séquence vidéo chiffrée en fonction du numéro de trame.

5.3. CHIFFREMENT RÉDUIT AVEC TSSIM ET SSIM

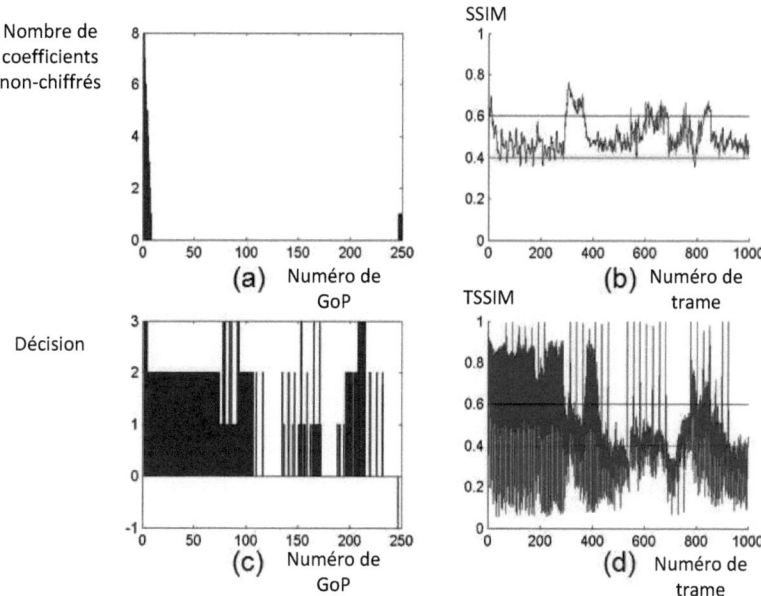

FIGURE 5.13 : Chiffrement sélectif de la séquence vidéo *movie* (1000 trames) avec la méthode proposée, le groupe d'images est de 4 trames, les trames *intra* et les trames *inter* sont chiffrées. a) Le nombre de coefficients non-chiffrés en fonction du groupe d'images. b) SSIM de la séquence vidéo chiffrée en fonction du numéro de trame. c) Décision sur le nombre de coefficients. d) TSSIM de la séquence vidéo chiffrée en fonction du numéro de trame.

Ces résultats indiquent que dans le cas de séquences vidéo en haute résolution l'efficacité du chiffrement est étroitement corrélée à la quantité de régions texturées contenues dans la séquence vidéo. Si la séquence vidéo présente des scènes où les régions d'intérêts sont grandes, comme des zooms ou des gros plans, le chiffrement a tendance à être moins efficace car il y a moins de coefficients AC non-nuls à chiffrer.

Avec la méthode proposée, le chiffrement sélectif est adapté aux changements de scènes. Pour conclure, la figure 5.14 illustre quelques résultats visuels de séquences vidéo chiffrées. Notons que subjectivement, ces résultats présentent une bonne confidentialité visuelle.

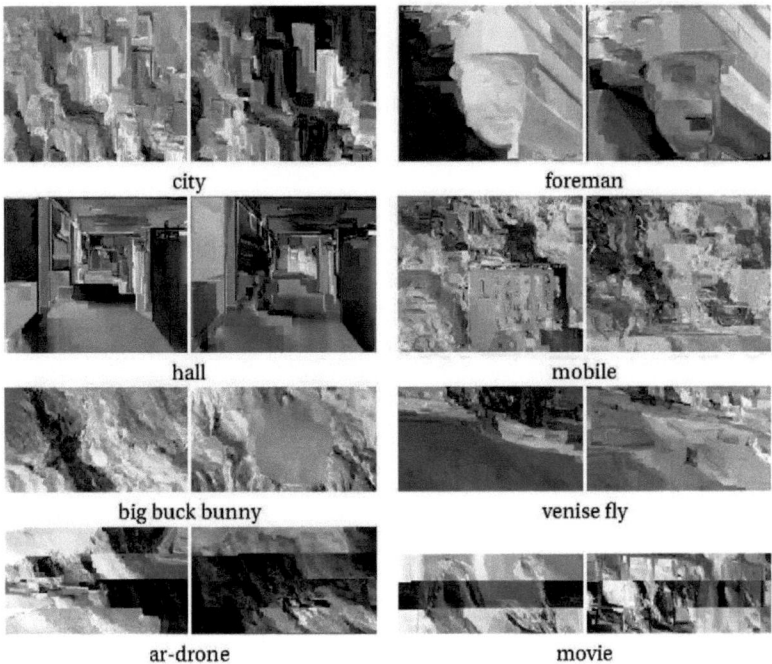

FIGURE 5.14 : Résultats visuels de trames successives des séquences vidéo chiffrées. Nous pouvons remarquer que les trames successives sont chiffrés différemment, ce qui est l'un des buts de la méthode proposée. Un scintillement visuel est ainsi conservé pour favoriser la confidentialité visuelle.

5.4 Analyse des mesures de confidentialité

Cette section décrit les étapes nécessaires à l'analyse de mesures de confidentialité. La section 5.4.2 présente un score moyen d'opinion (MOS, en anglais *Mean Opinion Score*) qui sera utilisé dans le cas de vidéos chiffrées. La section 5.4.3 présente le déroulement de la campagne de confidentialité. La section 5.4.4 propose une analyse des résultats de la campagne afin de trouver les meilleures mesures de confidentialité.

5.4.1 Introduction

Une campagne subjective [Chalbos *et al.*, 2013] doit être effectuée pour obtenir une avance dans un domaine précis des mesures de qualité : les mesures de confidentialité. Il faut connaître quelles sont les mesures les plus aptes à analyser objectivement la confidentialité visuelle d'images ou de vidéos chiffrées, et particulièrement dans le cas de vidéos chiffrées sélectivement avec un flux binaire conforme aux standards internationaux d'images et de vidéos (JPEG, JPEG 2000, H.264/AVC, H.265/HEVC etc...). Ce développement sera porteur de grandes avancées en termes de chiffrement vidéo.

La mise en place d'une campagne subjective comme celle-ci nécessite de connaître quelques notions en cognition et en perception. Lors du visionnage de médias chiffrés, les questions doivent être posées en fonction de ces différents niveaux d'assimilation d'informations et par ordre d'importance. Les différents plans d'une scène, la probabilité de perception, la connaissance du contexte et la gêne causée par le scintillement sont des points clés du développement d'un questionnaire juste et efficace. Ainsi, une question supplémentaire de type MOS est nécessaire afin de corréler les résultats et pouvoir minimiser des résultats les erreurs de perception.

5.4.2 Score moyen d'opinion

Le MOS est une note donnée par un utilisateur. Le MOS permet de corréler les résultats des questions contextuelles, mais surtout il permet de corréler les résultats des mesures de qualité à lui même afin de trouver les meilleures mesures de qualité pour la confidentialité. Dans notre étude, nous évaluons la qualité de la dégradation d'une vidéo chiffrée par un algorithme. Le MOS est une note donnée entre 1 et 5. Cette note nous renseigne directement sur la qualité visuelle d'un chiffrement en la comparant à celle des autres chiffrements de cette même vidéo. Le tableau 5.4.2 présente les différentes notes que nous proposons avec leurs explicatifs. La figure 5.15 illustre les différentes valeurs prises par le MOS proposé.

Note	Explicatif
5	La dégradation est insupportable, rien n'est visible.
4	La dégradation est très gênante, je suis à peine capable d'imaginer la structure du contenu.
3	La dégradation est gênante mais je devine en partie le contenu.
2	La dégradation est seulement gênante par moment, je pense reconnaître le contenu.
1	La dégradation n'est pas gênante du tout, je reconnais le contenu.

TABLE 5.3 : MOS pour les mesures de confidentialité. Les différents niveaux proposés ont pour objectif de donner une description subjective précise de la confidentialité visuelle obtenue par un algorithme de chiffrement.

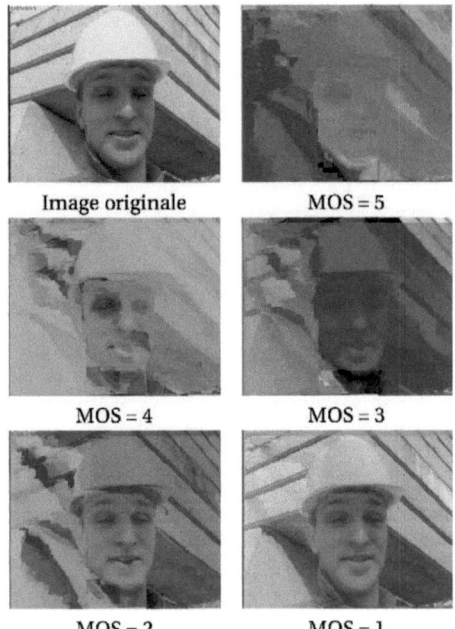

FIGURE 5.15 : Images chiffrées sélectivement de la séquence vidéo illustrant les 5 niveaux de MOS proposés dans notre approche, ainsi que l'image originale.

5.4. ANALYSE DES MESURES DE CONFIDENTIALITÉ

5.4.3 Campagne d'évaluation

La mise en place d'une campagne d'évaluation subjective pour les mesures de confidentialité nécessite une réflexion approfondie sur les diverses questions sur les vidéos en fonction du contexte et de la scène. Un des objectifs est de lister l'ensemble des détails de la scène qui peuvent être affectés par l'algorithme de chiffrement suivant les différentes protections. Ainsi, les questions posées doivent être axées sur un contenu bien précis et hiérarchisé. Des questions peuvent aussi être communes à diverses vidéos, mais la plupart devront être spécifiques à chaque vidéo.

La création de thèmes de vidéo est une approche à mettre en place également. Des vidéos proposant un même contenu peuvent ainsi être traitées de manière similaire et ainsi, les mesures de confidentialité pourront donner une note globale sur un thème de vidéo avec différentes protections. Notons que le facteur de compression influe également sur la confidentialité visuelle des vidéos chiffrées. La figure 5.16 illustre une même vidéo proposant plusieurs niveaux de chiffrement suivant le facteur de compression QP. Notons que le contenu visible est différent suivant la protection, ceci souligne l'importance d'un MOS et de questions à plusieurs échelles de contenu.

Le questionnaire doit être sous la forme d'un questionnaire à choix multiples afin que les réponses puissent être traitées efficacement. La réponse "je ne sais pas" est bien sûr une réponse clé pour les mesures de confidentialité et doit être en conséquent proposée à chaque question. Cette question reflète intégralement l'objectif des algorithmes de compression. La question de MOS est bien sur intégrée à la fin de ce questionnaire.

La mise en place d'un temps limite pour la réponse aux questions de chaque vidéo est une donnée cruciale pour la mise en place d'une campagne d'évaluation. Ce temps de réflexion doit être suffisamment long pour permettre à l'utilisateur de répondre à toutes les questions, mais il doit aussi être bref pour permettre une réponse réaliste dans la vision d'une scène de vidéo.

FIGURE 5.16 : Série d'une même image de la séquence vidéo *lirmm* chiffrée avec différents niveaux de protection de la méthode RSE-CAVLC proposée dans le chapitre 4. Le facteur de qualité de la compression est représenté par QP, et le nombre de coefficient non-chiffrés par macro-blocs est représenté par AoUC.

5.4. ANALYSE DES MESURES DE CONFIDENTIALITÉ

5.4.4 Analyse des résultats

L'analyse des résultats est tout l'enjeu d'une campagne d'évaluation. Cette étape peut être développée en trois points pour corréler au mieux les résultats subjectifs aux résultats objectifs : une analyse globale, une analyse par vidéo et une analyse par utilisateur.

Analyse globale

L'analyse globale va permettre de récupérer les principaux résultats de la campagne. Elle décrit un ensemble général des questionnaires, et donne un résultat moyen de MOS afin de pouvoir le corréler efficacement aux mesures de confidentialité. Elle permet entre autre de classer les résultats suivant plusieurs critères, suivant cette liste non exhaustive :
- Le pourcentage de bonnes réponses suivant la protection ; - Le nombre de visionnages de chaque vidéo ; - Le MOS moyen suivant la protection ; - Un classement des vidéos par MOS.

L'analyse globale doit proposer une vision des résultats sous formes graphiques afin de pouvoir trouver des modèles mathématiques de répartition. Ainsi, il est possible de développer des nouvelles mesures de qualité, spécifiques à la confidentialité.

Analyse par utilisateur

L'analyse par utilisateur permet d'obtenir, si nécessaire, une discrimination possible par sexe et âge. Avec ces résultats, il est possible de savoir s'il existe des différences notables de perception suivant les utilisateurs. De plus, cette analyse permet, au besoin, d'adapter les temps et les questions suivant l'utilisateur afin d'obtenir les résultats les plus précis possibles pour l'analyse et le développement des mesures de confidentialité.

Analyse par vidéo

L'analyse par vidéo propose une répartition des résultats par vidéo et par thème. Elle permet de souligner comment les différents contenus sont affectés par un chiffrement sélectif. De plus, cette analyse permet de mettre en avant les vidéos qui pourraient biaiser les résultats si leurs résultats sont aberrants. Il est aussi possible d'observer les résultats suivant les différentes résolutions car comme nous avons pu le constater dans la section 5.3 le chiffrement sélectif affecte différemment les séquences vidéo suivant leurs résolutions.

5.4.5 Perspectives

Le développement de mesures de confidentialité est un point clé dans l'amélioration des algorithmes de chiffrement sélectif. En effet, une mesure de qualité parfaitement corrélée au SVH dans des cas de vidéos chiffrées serait une référence. Néanmoins, une campagne d'évaluation très précise doit être effectuée pour arriver à ces termes. En s'appuyant sur ce qui se fait pour les mesures de qualité classiques, des résultats notables sont possibles. De plus, une approche psychovisuelle doit également être étudiée car le contenu de la vidéo peut fortement affecter les notes de qualité attribuées par les utilisateurs dans des cas similaires de chiffrement.

5.5 Conclusion

Dans ce chapitre, nous avons proposé une nouvelle mesure de qualité, le TSSIM. Elle permet d'analyser le scintillement de vidéos chiffrées. Cette mesure a la particularité de prendre en compte les aspects temporels, et est donc novatrice dans le domaine de la protection de vidéos. Basée sur le SSIM qui est une bonne mesure psychovisuelle, elle peut être facilement utilisée et intégrée dans le domaine de la crypto-compression.

Ensuite, nous avons présenté un système de chiffrement sélectif qui permet de contrôler le chiffrement des données vidéo en fonction du niveau de confidentialité souhaité en termes de SSIM et de TSSIM. L'utilisation de ces deux mesures de qualité est un bon moyen d'assurer la confidentialité visuelle, en particulier grâce au TSSIM, qui analyse la protection visuelle dans le temps que le chiffrement crée, *i.e.* le scintillement. Le TSSIM nous permet d'avoir un meilleur contrôle de la confidentialité visuelle au cours du temps.

Dans la plupart des résultats expérimentaux des séquences vidéo, la protection visuelle est suffisante, tout en minimisant le ratio du chiffrement. Nous avons un ratio de chiffrement moyen de 16 % avec un SSIM moyen de 0,4. Toutefois, le contrôle de la protection visuelle grâce à notre méthode est efficace mais n'est pas totalement contrôlée, parce que la méthode de chiffrement est pseudo-aléatoire, et nous ne pouvons donc pas prédire la détérioration exacte du contenu visuel.

De plus, le chiffrement sélectif peut être amélioré en incluant quelques régions d'intérêt et des mesures de qualité plus objectives. Enfin, ce système de chiffrement sélectif est efficace pour la plupart des résolutions des séquences vidéo, mais il mérite d'être amélioré pour les séquences vidéo en haute résolution. En termes de cryptanalyse, notre système allège le nombre de coefficients chiffrés, et donc le nombre de bits chiffrés par l'algorithme AES, ce qui peut affaiblir la sécurité contre les attaques par force brute.

Pour finir, des campagnes d'évaluation pour les mesures de confidentialité sont à mettre en place. Tout d'abord, nous devons étudier les mesures de qualité afin de trouver les plus efficaces dans le domaine de la confidentialité visuelle. Nous pouvons aussi développer d'autres mesures de qualité qui sont en étroite corrélation avec le SVH en termes de faible qualité et d'images et de vidéos chiffrées. Actuellement, les mesures de qualité sont développées afin d'être efficaces dans les cas de haute qualité. Nous pouvons également améliorer le TSSIM, en tenant compte des temps d'intégration du SVH parce que le TSSIM ne mesure que deux trames successives indépendamment de la fréquence de trames.

Les résultats présentés dans ce chapitre ont fait l'objet de trois publications, une confé-

5.5. CONCLUSION

rence, un article de revue en soumission, et un chapitre de livre en publication.

Dubois, L. ; Puech, W. et Blanc-Talon, J.
Confidentiality Metrics and Smart Selective Encryption for HD H.264/AVC Videos
European Conference on Signal Processing, 2013, September, Marrakech, Morroco.

Dubois, L. ; Puech, W. et Blanc-Talon, J.
Smart Selective Encryption of H.264/AVC Videos using Confidentiality Metrics
Accepté dans Annals of Telecommunication, Springer.

Dubois, L. ; Shahid, Z. et Puech, W.
Selective Encryption of Images and Videos : from JPEG to H.265/HEVC through JPEG2000 and H.264/AVC
in proceedings in Progress in Data Encryption, Nova publishers, 2013.

Conclusions et perspectives

Ce chapitre de conclusions et perspectives est divisé en deux parties. Tout d'abord, nous étudions les conclusions des différents chapitres. Pour finir, nous examinons les perspectives des travaux présentés dans cette thèse.

Conclusions

Le développement de nouveaux systèmes de compression est un point clé pour faire face à la croissance exponentielle du partage et du stockage de médias visuels tels que les images et les vidéos. Pour y répondre, la communauté présente de plus en plus de méthodes standardisées, tel que l'émergent H.265/HEVC pour la compression de vidéos. Les algorithmes sont de plus en plus complexes mais ils sont basés sur une même structure : hiérarchisation, transformation, quantification puis codage entropique ou arithmétique. Cette structure a fait ses preuves depuis une vingtaine d'années dans la compression d'images et de vidéos.

Le chiffrement sélectif est une approche très efficace dans la protection des données. En particulier dans le cadre de la protection des données, directement en opposition à la protection des réseaux. La protection des données offre plus de liberté à l'utilisateur pour pouvoir facilement stocker et échanger des données. Le chiffrement sélectif exploite la structure de compression des standards d'images et de vidéos, afin de proposer une confidentialité visuelle adéquate, tout en affectant au minimum les standards de compression en termes de syntaxe et de temps de calcul. Les avancées en termes de chiffrement sélectif ont prouvé qu'il est un système d'avenir pour la protection des données visuelles.

Les mesures de qualité sont des outils mathématiques qui permettent de quantifier les traitements appliqués aux images et vidéos. Elles permettent ainsi d'éviter des expériences subjectives qui sont longues et couteuses en temps et en ressources humaines. L'enjeu dans leurs développements est qu'elles doivent être le plus corrélées possible avec le SVH. Le SVH est un système complexe qui n'a pas été encore totalement analysé, mais dont la découverte entière permettra de faire évoluer la compression d'images et de vidéos, mais aussi le développement de mesures de qualité très réalistes.

En premier lieu dans ces travaux de thèse, nous avons démontré qu'il est possible de propager un chiffrement sélectif dans une trame H.264/AVC en s'appuyant sur sa structure de compression. L'optimisation de la compression grâce à l'erreur de prédiction permet aussi de propager une dégradation visuelle. En effet, si un macro-bloc B est prédit à partir d'un macro-bloc A chiffré, alors ce macro-bloc B sera aussi chiffré par la propagation du chiffrement. Grâce à cette méthode nous avons pu proposer un premier chiffrement sélectif réduit qui divise par deux le ratio de chiffrement, grâce à un chiffrement de macro-blocs en quinconce, et cela en restant sur un niveau de confidentialité visuelle mesuré entre 11 dB et 12 dB. De plus, nous avons pu améliorer cette technique en insérant le PSNR comme mesure de qualité dans une nouvelle méthode qui permet de réduire le ratio de chiffrement aux alentours de 15% du flux binaire H.264/AVC. Les macro-blocs sont analysés un par un pour savoir s'il est utile de les chiffrer en les comparant à un seuil en PSNR fixé.

En outre, nous avons démontré qu'une réduction du nombre de coefficients chiffrés par macro-bloc est possible. Les coefficients de basse fréquence doivent être chiffrés car ils possèdent suffisamment d'informations pour affecter visuellement l'image si un chiffrement de ces derniers est effectué. En revanche, il n'est pas nécessaire de chiffrer l'intégralité des coefficients de haute fréquence. Nous avons proposé une méthode s'appuyant sur le SSIM pour réguler le nombre de coefficients chiffrés par macro-bloc. Cette méthode propose aussi un nouveau type de propagation, la propagation spatiale dans les trames *inter* des groupes d'images. Les résultats des expérimentations soulignent que 10 à 15% du flux H.264/AVC peut être chiffré tout en préservant la confidentialité visuelle aux alentours de 11 dB en PSNR.

Nous avons également proposé une nouvelle approche dans les mesures de qualité, l'approche temporelle. Nous avons étudié cette méthode grâce à une mesure que nous avons appelé BM (mesure de clignotement) pour analyser le scintillement entre les trames successives d'une séquence vidéo. Mais, nous avons principalement amélioré cette méthode en s'appuyant sur une des mesures de qualité les plus efficaces de la littérature : le SSIM. La mesure proposée est le TSSIM, elle permet de mesurer efficacement le scintillement et est facilement interprétable pour des utilisateurs habitués au SSIM.

Ensuite, nous avons proposé une dernière méthode qui régule le chiffrement sélectif tout en s'appuyant sur les mesures de qualité du SSIM et du TSSIM. Cette méthode analyse la confidentialité de chaque groupe d'images pour réguler le nombre de coefficients chiffrés par macro-bloc du groupe d'images suivant. Les expérimentations de cette méthode ont été effectuées sur des séquences vidéos de basse et de haute résolution. Il a été montré qu'il est possible de réguler le chiffrement en fonction de la confidentialité visuelle souhaitée, et cela pour plusieurs types de contenus vidéo. En termes de SSIM et de TSSIM, la méthode régule chaque trame entre une valeur de 0,4 et 0,6. Le ratio de chiffrement de cette méthode est entre 11% et 16%.

Enfin, nous avons proposé une méthode pour effectuer l'analyse et le développement de mesures de confidentialité. Une campagne d'évaluation permet de trouver les mesures de qualité les plus efficaces dans le domaine de la protection. Cela permettra aussi de développer des nouvelles mesures qui deviendront des standards dans l'analyse de l'efficacité des chiffrements sélectifs d'images et de vidéos.

Perspectives

Dans cette section, nous proposons trois axes de recherche basés sur les travaux présentés dans ce manuscrit. En premier lieu, nous discutons d'une étude du chiffrement pour chaque coefficient quantifié. Puis, nous proposons un développement des méthodes proposées sur le nouveau standard de vidéo H.265/HEVC. Ensuite, nous examinons la possibilité de mise en place d'une campagne d'évaluation pour le développement de mesures de confidentialité.

Analyse du chiffrement sélectif par coefficient

En premier lieu, une étude approfondie de l'impact du chiffrement sélectif dans les standards d'images et de vidéos serait très intéressante. Cette étude permettrait de mettre en avant l'impact du chiffrement de chaque coefficient en termes de mesures de qualité. Ainsi, il serait possible de mettre en place une hiérarchisation très précise des coefficients à chiffrer dans les macro-blocs. Une estimation de la variation de qualité en fonction des coefficients pourrait être établie pour donner directement le bon nombre de coefficients à chiffrer dans les macro-blocs, ainsi l'étape d'analyse de qualité entre chaque groupe d'images ne serait plus nécessaire. Pour cela, il faut établir les modèles de répartition des coefficients, et estimer des modèles statistiques qui correspondent à ces modèles de répartition. De plus, il faut estimer la variation de qualité pour chaque chiffrement de coefficient et ainsi établir un modèle de variation de qualité en fonction de chaque coefficient chiffré. Cette étude devra être effectuée sur les nouveaux standards de compression d'images et de vidéos, JPEG2000 et H.265/HEVC. Ainsi, cette étude sera une base théorique forte pour le développement d'algorithmes de chiffrement sélectif.

Chiffrement sélectif de H.265/HEVC

Les méthodes proposées dans ce manuscrit peuvent être étendues sur l'émergent H.265/HEVC. Il est intéressant de proposer à ce nouveau standard des mesures de protection pour permettre aux utilisateurs d'assurer une confidentialité de leurs données. En effet, les besoins de protection des données restent de véritables challenges pour le partage et le stockage des données multimédias professionnelles et privées. Les méthodes proposées dans ce manuscrit régulent le chiffrement sélectif en fonction de la confidentialité visuelle et sont des réponses intelligentes à ce besoin de protection de données. Des méthodes de chiffrement total pourront aussi être proposées pour des besoins de sécurité plus contraignants.

Pour parvenir à ce développement, il est nécessaire de connaître parfaitement le développement du standard H.265/HEVC afin d'adapter les méthodes fonctionnant sur le standard H.264/AVC au standard H.265/HEVC. Des nouvelles méthodes de chiffrement sélectif spécifiques à la structure H.265/HEVC pourront être étudiées également afin d'optimiser le ratio de chiffrement, les temps de calcul de l'algorithme et la confidentialité visuelle. Ces travaux pourront être proposés à la communauté de développement de H.265/HEVC afin qu'ils puissent devenir une partie intégrante du standard H.265/HEVC.

Developpement d'une mesure de confidentialité

Le développement d'une mesure de confidentialité est une grande étape dans le domaine de la confidentialité visuelle. De nos jours, la majorité des mesures de qualité qui existent dans la littérature sont principalement conçues pour la haute fidélité d'images. Mais, pour la protection visuelle des données, les mesures actuelles ne sont pas particulièrement efficaces et donnent uniquement des ordres de grandeur sur la confidentialité visuelle de la vidéo chiffrée. La nécessité de créer une mesure objective précise pour mesurer la confidentialité visuelle de vidéos chiffrées est donc cruciale. Elle permettra d'évaluer la qualité des algorithmes de chiffrement actuels mais elle pourra aussi être implantée dans des nouveaux algorithmes de chiffrement pour permettre un contrôle de la confidentialité en temps réel, pendant l'encodage des données multimédias.

Afin de développer cette mesure de confidentialité, des compétences sur les modèles du SVH, les mesures de qualité et les méthodes de chiffrement sélectif sont nécessaires. Une approche psychovisuelle doit aussi être effectuée afin de comprendre comment les utilisateurs lisent les images et les vidéos. Ce travail nécessite une bonne vision globale dans le développement des mesures de qualité actuelles, des nouveaux standards d'images et de vidéos et des méthodes de chiffrement sélectif touchant à ces standards.

Bibliographie

Y. Altunbasak et N. Kamaci : An analysis of the DCT coefficient distribution with the H.264 video coder. *IEEE International Conference on Acoustics, Speech and Signal Processing*, 3:177–180, 2004. Cité page 100.

J. Apostolopoulos, S. Wee, F. Dufaux, E. Ebrahimi, Q. Sun et Z. Zhang : The Emerging JPEG-2000 Security (JPSEC) Standard. *Proceedings of International Symposium on Circuits and Systems, ISCAS'06. IEEE*, May 2006. Cité page 45.

Siu-Kei Au Yeung, Shuyuan Zhu et Bing Zeng : Perceptual Video Encryption using multiple 8x8 transforms in H.264 and MPEG-4. *IEEE International Conference on Acoustics, Speech and Signal Processing*, pages 2436–2439, May 2011. Cité page 48.

I. Avcibas, B. Sankur et K. Sayood : Statistical Evaluation of Image Quality Measures. *Journal of Electronic Imaging*, 11:206–223, 2002. Cité page 66.

G. Baixas : Cryptanalyse de chiffrement sélectif d'images JPEG et de vidéos H.264 et de leurs impacts sur les mesures de qualités. Mémoire de D.E.A., University of Montpellier 2, 2013. Cité page 100.

F. L. Bauer : *Decrypted Secrets*. Springer, 2002. Cité page 35.

F. Bossen, B. Bross, K. S̆uhring et D. Flynn : HEVC Complexity and Implementation Analysis. *IEEE Transactions on Circuits and Systems for Video Technology*, 22 (12):1685 – 1696, 2012. Cité page 29.

M. Carnec, , P. Le Callet et D. Barda : Objective Quality Assessment of Color Images based on generic Perceptual Reduced Reference. *Signal Processing : Image Communication*, 23(4):239–256, April 2008. Cité page 68.

J. Chalbos, B. Fidahoussen-Patel, S. Pez, T. Truong et N. Hergle : Campagne d'évaluation pour des métriques de confidentialité. Mémoire de D.E.A., University of Montpellier 2, 2013. Cité page 131.

S. Chebbo, P. Durieux et B. Pesquet-Popescu : Objective Evaluation of Compressed Video's Temporal Flickering. *IEEE International Conference on Image Processing Theory, Tools and Applications*, pages 177–180, 2010. Cité page 71.

H. Chen et X. Li : Partial Encryption of Compressed Images and Videos. *IEEE Transactions on Signal Processing*, 48(8):2439–2445, August 2000. Cité page 47.

S. Chikkerur, V. Sundaram, M. Reisslein et L. J. Karam : Objective Video Quality Assessment Methods : A Classification, Review, and Performance Comparison. *IEEE Transactions on Broadcasting*, vol. 57, no. 2,:165–182, 2011. Cité page 72.

S. Choi, J.W. Han et H. Cho : Privacy-Preserving H.264 Video Encryption Scheme. *Information, Telecommunication & Electronics - ETRI Journal*, 33(6):935–944, December 2011. Cité page 48.

J. Daemen et V. Rijmen : AES Proposal : The Rjindael Block Cipher. *Technical report, Proton World Int.I, Katholieke Universiteit Leuven, ESAT-COSIC, Belgium*, 2002. Cité page 39.

M. Decombas, F. Dufaux, E. Renan, B. Pesquet-Popescu et F. Capman : A New Object Based Quality Metric Based On SIFT and SSIM. *IEEE Conference on Image Processing*, pages 1493–1496, 2012. Cité page 71.

E. Dorothy et D. Robling : *Cryptography and Data Security*. Addison-Wesley Publishing Company, 1982. Cité page 35.

D. Engel, T. St'utz et A. Uhl : Format-compliant JPEG2000 encryption with combined packet header and packet body protection. *MM&Sec*, pages 87–96, 2007. Cité page 46.

D. Engel, T. St'utz et A. Ulh : A survey on JPEG2000 Encryption. *Multimedia Systems*, pages 243–270, 2009. Cité page 46.

J. Fang et J. Sun : Compliant encryption scheme for JPEG2000 image codestreams. *Journal of Electronic Imaging*, 15(4), 2006. Cité page 45.

M. M. Fish, H. Stigner et A. Uhl : Layered Encryption Techniques for DCT-Coded Visual Data. *European Signal Processing Conference (EUSIPCO), Vienna, Austria,*, 2004. Cité page 44.

D. C. Garcia, T. A. da Fonseca et R. L. de Queiroz : Video Compression Complexity Reduction With Adaptative Down-Sampling. *IEEE International Conference on Image Processing*, 18:745–748, 2011. Cité page 20.

M. Grangetto, E. Magli et G. Olmo : Multimedia Selective Encryption by Means of Randomized Arithmetic Coding. *IEEE Transactions on Multimedia*, 8 (5):905–917, 2006. Cité page 46.

H.264 : Draft ITU-T Recommendation and Final Draft International Standard of Joint Video Specification (ITU-T Rec. H.264 ISO/IEC 14496-10 AVC). *Rapport technique, Joint Video Team (JVT), Doc. JVT-G050*, March 2003. Cité page 20.

R. Hashimoto, K. Kato, G. Fujita et T. Onoye : VLSI Architecture of H.264 RDO-based Block Size Decision for 1080 HD. *Picture Coding Symposium*, 2007. Cité page 20.

HEVC : High Efficiency Video Coding (HEVC) Text Specification Draft 6. Rapport technique, ITU-T/ISO/IEC Joint Collaborative Team on Video Coding (JCT-VC), Doc. JCTVC-H1003, Geneva, CH, November 2011. Cité page 27.

R.W.G. Hunt : *Measuring Color*. Fountain Press England, 1998. Cité page 64.

N. Islam et W Puech : Noise removing in encrypted color image by statistical analysis. *SPIE, Electronic Imaging, Media Watermarking, Security and Forensics*, January 2012. Cité page 99.

ISO/IEC 15444-3. Information technology : JPEG2000 image coding system, Part 3 : Motion JPEG2000. 2001. Cité page 15.

ISO/IEC 15444-8. Information technology : JPEG2000 image coding system, Part 8 : Secure JPEG2000. 2007. Cité page 45.

ITU : Recommendation T.81. Septembre 1992. Cité page 10.

G. Jakimoski et K. Subbalakshmi : Cryptanalysis of Some Multimedia Encryption Schemes. *IEEE Transactions on Multimedia*, 10(3):330–338, April 2008. Cité page 44.

J. Jiang, Y. Liu, Z. Su, G. Zhang et S. Xing : An Improved Selective Encryption for H.264 Video based on Intra Prediction Mode Scrambling. *Journal of Multimedia*, 5:464–472, 2010. Cité page 48.

W. Jiangtao, K. Hyungjin et J. Villasenor : Binary Arithmetic Coding with Key-based Interval Splitting. *IEEE Signal Processing Letters*, 13 (2):69–72, February 2006. Cité page 46.

D. Kahn : *The Codebreakers*. 1967. Cité page 33.

S. Kanumuri, O. G. Guleryuz et M. R. Civanlar : Temporal Flicker Reduction and Denoising in Video using Sparse Directional Transforms. *Proceedings in SPIE*, 7073, 2008. Cité page 71.

A. Kerckhoffs : La cryptographie militaire. *Journal des sciences militaires*, IX:5–38, Janvier 1883. Cité pages 34 and 35.

N. Koblitz : *A Course in Number Theory and Cryptography*. Springer, 1994. Cité page 34.

Y. Kuszpet, D. Kletsel et A. Levy : Post-processing for flicker reduction of H.264/AVC. *Picture Coding Symposium*, 2007. Cité page 71.

E. Y. Lam et J.W. Goodman : A mathematical analysis of the DCT coefficient distributions for images. *IEEE Transactions on Image Processing*, 9:1661–1666, 2000. Cité page 100.

S. Li, Z. Li et J. Gong : Multivariate Statistical Analysis of Measures for Assessing the Quality of Image Fusion. *International Journal of Image and Data Fusion*, 1 (1):47–66, March 2010. Cité page 67.

S. Lian, J. Sun, D. Zhang et Z. Wang : A selective image encryption scheme based on JPEG2000 codec. *ICCIT*, pages 65–72, 2004. Cité page 46.

T. Lookabaugh et D. Sicker : Selective Encryption for Consumer Applications. *IEEE Communications Magazine*, 42(5):124–129, May 2004. Cité page 47.

D. Marpe, H. Schwarz, S. Bosse, B. Bross, P. Helle, T. Hinz, H. Kirchhoffer, H. Lakshman, T. Nguyen, S. Oudin, M. Siekmann, K. Sehring et T. Winken : Video Compression Using Nested Quadtree Structures, Leaf Merging and Improved Techniques for Motion Representation and Entropy Coding. *IEEE Transactions on Circuits and Systems for Video Technology*, 20:1676–1687, 2010. Cité page 27.

A. Massoudi, F. Lefèbvre, C. De Vleeschouwer et F-O. Devaux : Secure and low cost selective encryption for JPEG2000. *IMS*, pages 31–38, December 2008a. Cité page 46.

A. Massoudi, F. Lefèbvre, C. De Vleeschouwer, B. Macq et J.-J. Quisquater : Overview on Selective Encryption of Image and Video : Challenges and Perspectives. *EURASIP Journal on Information Security*, V. 2008, A. ID 179290, 2008b. Cité page 34.

M. Nelson et J-L. Gailly : *The Data Compression Book*. M&T Books, 1995. Cité page 7.

R. Norcen et A. Uhl : Performance analysis of block-based permutations in securing JPEG2000 and SPIHT compression. *Tescher, A.G. (ed.) Visual Communications and Image Processing 2005 (VCIP'05)*, 5960:944–952, July 2005. Cité page 45.

W. B. Pennebaker et J. L. Mitchell : JPEG : Still Image Data Compression Standard. *Van Nostrand Reinhold, San jose, U.S.A.*, 45, 1993. Cité page 10.

I. E. G. Richardson : *H-264 and MPEG-4 Video compression*. Wiley, 2003. Cité page 20.

J. Rodrigues, W. Puech et A. Bors : Selective Encryption of Human Skin in JPEG Images. *IEEE International Conference on Image Processing*, pages 1981–1984, October 2006a. Cité page 44.

J. M. Rodrigues, W. Puech et A. G. Bors : A Selective Encryption for Heterogenous Color JPEG Images Based on VLC and AES Stream Cipher. *European Conference on Colour in Graphics, Imaging and Vision*, 2006b. Cité pages 44 and 45.

Y. Sadourny et V. Conan : A proposal for supporting selective encryption in JPSEC. *IEEE Transactions on Consumer Electronics*, 49(4):846–849, 2003. Cité page 45.

A. Said : Measuring the Strength of Partial Encryption Scheme. *IEEE International Conference in Image Processing, Genova, Italy*, 2:1126–1129, 2005. Cité page 44.

B. Schneier : *Applied cryptography*. Wiley, New-Yorl, USA, 1995. Cité page 39.

K. Seshadrinathan, R. Soundararajan, A. C. Bovik et L. K. Cormack : Study of Subjective and Objective Quality Assessment of Video. *IEEE Transactions on Image Processing*, 19(6): 1427–1441, 2010. Cité page 69.

Z. Shahid : *Protection of Scalable Video by Encryption and Watermarking*. Thèse de doctorat, University of Montpellier 2, LIRMM, Montpellier, France, 2010. Cité pages 34 and 48.

Z. Shahid, M. Chaumont et W.. Puech : Fast protection of H.264/AVC by selective encryption. *SINFRA*, February 2009a. Cité page 48.

Z. Shahid, M. Chaumont et W. Puech : Fast protection of H.264/AVC by selective encryption of CABAC for I & P frames. *European Conference on Signal Processing*, pages 2201–2205, 2009b. Cité pages 48 and 81.

Z. Shahid, M. Chaumont et W. Puech : Fast Protection of H.264/AVC by Selective Encryption of CAVLC and CABAC for I & P Frame. *IEEE Transactions on Circuits and Systems for Video Technology*, 21(5):565–576, May 2010. Cité pages 2, 49, 50, 51, 52, and 53.

Z. Shahid, M. Chaumont et W. Puech : Considering the reconstruction loop for data hiding of intra- and inter-frames of H.264/AVC. *Signal, Image and Video Processing, Springer*, pages 1–19, 2011a. Cité pages 99 and 117.

Z. Shahid, M. Chaumont et W. Puech : Fast Protection of H.264/AVC by Selective Encryption of CAVLC and CABAC for I & P frames. *IEEE Transactions on Circuits and Systems for Video Technology*, 21(5):565–576, May 2011b. Cité pages 81, 83, 84, 85, 87, 88, 89, 90, 91, 95, 97, 109, 118, 125, and 127.

Z. Shahid et W. Puech : Visual Protection of HEVC Video by Selective Encryption of CABAC Binstrings. *accepted for publication in IEEE Trans. on Multimedia*, June 2013. Cité page 53.

A. Shnayderman, A. Gusev et Eskicioglu : An SVD-Based Gray-Scale Image Quality Measure for Local and Global Assessment. *IEEE Transactions on Image Processing*, 15(2):422–429, 2006. Cité page 69.

B. C. Song et K. W. Chun : Noise Power Estimation For Effective De-noising in a Video Encoder. *IEEE International Conference on Acoustics, Speech and Signal Processing*, 2: 357–360, 2005. Cité page 71.

T. Stütz et A. Uhl : On efficient transparent JPEG2000 Encryption. *MM&Sec*, 2007. Cité pages 46 and 47.

T. Stütz et A. Uhl : A Survey of H.264 AVC/SVC Encryption. *IEEE Transactions on Circuits and Systems for Video Technology*, 22(3):325–339, 2011. Cité page 47.

G. J. Sullivan, J. Ohm, H. Woo-Jin et T. Wiegand : Overview of the High Efficiency Video Coding (HEVC) Standard. *IEEE Transactions on Circuits and Systems for Video Technology*, 22 (12):1649–1668, 2012. Cité page 27.

G. J. Sullivan et T. Wiegand : Rate-Distorsion Optimization for Video Compression. *IEEE Signal Processing Magazine*, pages 74–90, 1998. Cité page 7.

L. Tang : Methods for Encrypting and Decrypting MPEG Video Data Efficiently. *ACM Multimedia*, pages 219–229, 1996. Cité page 44.

D. S. Taubman et M. W. Marcellin : *JPEG2000 - Image compression fundamentals, standards and practice*. Springer, 2002. Cité page 15.

A. Uhl et A. Pommer : *Image and Video Encryption - From digital Rights Management to Secured Personal Communication*. Springer, 2005. Cité pages 34, 46, 47, and 67.

V. M. Van Droogenbroeck et R. Benedett : Techniques for a Selective Encryption of Uncompressed and Compressed Images. *In Proceedings of Advanced Concepts for Intelligent Vision Systems (ACIVS), Ghent, Belgium,*, 2002. Cité pages 43 and 44.

Z. Wang et A. C. Bovik : Universal Image Quality Index. *IEEE SP Letters*, 9:81–84, March 2002. Cité pages 68 and 69.

Z. Wang, A. C. Bovik, R. Hamid, Sheik et E. P. Simoncelli : Image Quality Assessment : From Evisibility to Structural Similarity. *IEEE Transactions on Image Processing*, 13(4):600–612, 2004. Cité pages 3 and 69.

Z. Wang, A. C. Bovik et E. P. Simoncelli : Multi-scale Structural Similarity for Image Quality Assessment. *IEEE Asilomar Conference Signals, Systems and Computers*, pages 1398–1402, 2003. Cité pages 70, 83, 86, 87, 89, 93, and 110.

Z. Wang et E. P. Simoncelli : Translation insensitive image similarity in complex wavelet domain. *In IEEE International Conference In Acoustics, Speech, and Signal Processing, 2005*, pages 573–576, 2005. Cité page 70.

A. B. Watson : Temporal sensitivity. *Handbook of Perception and Human Performance, Wiley*, Chapter 6, 1986. Cité page 71.

J. Wen, M. Severa, W. Zeng, M. Luttrell et W. Jin : A Format-Compliant Configurable Encryption Framework for Acess Control of Video. *IEEE Transactions on Circuits and Systems for Video Technology*, 12(6):545–557, June 2002. Cité pages 44 and 48.

C. Wu et C. Kuo : Design of Integrated Multimedia Compression and Encryption Systems. *IEEE Transactions on Multimedia*, 7:828–839, October 2005. Cité page 48.

H. Wu et D. Ma : Efficient and secure encryption schemes for JPEG2000. *IEEE International Conference on Acoustics, Speech and Signal Processing, Whistler, British Columbia, Canada*, pages 869–872, 2004. Cité page 45.

E. Yang et X. Yu : Rate Distorsion Optimization in H.264. *Information Theory and Applications*, 2006. Cité page 22.

W. Zeng et S. Lei : Efficient Frequency Domain Selective Scrambling of Digital Video. *IEEE Transactions on Multimedia*, 5(1):118–119, March 2003. Cité page 44.

J. Zujovic, T.N. Pappas et D.L. Neuhoff : Strutural Similarity Metrics for Texture Analysis and Retrieval. *IEEE Conference on Image Processing*, pages 2225–2228, 2009. Cité page 71.

Abstract

Nowadays, videos and images are major sources of communication for professional or personal purposes. Their number grow exponentially and the confidentiality of the content has become a major problem for their acquisition, transmission, storage, and display. In order to solve this problem, selective encryption is a solution which provides visual privacy by encrypting only a part of the data. Selective encryption preserves the initial bit-rate and maintains compliance with the syntax of the standard video. This Ph.D thesis offers several methods of selective encryption for H.264/AVC video standard. Reduced selective encryption methods, based on the H.264/AVC architecture, are studied in order to find the minimum ratio of encryption but sufficient to ensure visual privacy. Objective quality measures are used to assess the visual privacy of encrypted videos. In addition, a new quality measure is proposed to analyze the video flicker over time. Finally, a method for a reduced selective encryption regulated by quality measures is studied to adapt the encryption depending on the visual privacy fixed.

Keywords: *Image processing, video processing, compression, cryptography, H.264/AVC, selective encryption, quality measures.*

Résumé

De nos jours, les vidéos et les images sont devenues un moyen de communication très important. L'acquisition, la transmission, l'archivage et la visualisation de ces données visuelles, que ce soit à titre professionnel ou privé, augmentent de manière exponentielle. En conséquence, la confidentialité de ces contenus est devenue un problème majeur. Pour répondre à ce problème, le chiffrement sélectif est une solution qui assure la confidentialité visuelle des données en ne chiffrant qu'une partie des données. Le chiffrement sélectif permet de conserver le débit initial et de rester conforme aux standards vidéo. Ces travaux de thèse proposent plusieurs méthodes de chiffrement sélectif pour le standard vidéo H.264/AVC. Des méthodes de réduction du chiffrement sélectif grâce à l'architecture du standard H.264/AVC sont étudiées afin de trouver le ratio de chiffrement minimum mais suffisant pour assurer la confidentialité visuelle des données. Les mesures de qualité objectives sont utilisées pour évaluer la confidentialité visuelle des vidéos chiffrées. De plus, une nouvelle mesure de qualité est proposée pour analyser le scintillement des vidéos au cours du temps. Enfin, une méthode de chiffrement sélectif réduit régulé par des mesures de qualité est étudiée afin d'adapter le chiffrement en fonction de la confidentialité visuelle fixée.

Mots clefs : *Traitement des images, traitement des vidéos, compression, cryptographie, H.264/AVC, chiffrement sélectif, mesures de qualité.*

LIRMM — 161, rue Ada — 34095 Montpellier cedex 5 — France

Oui, je veux morebooks!

i want morebooks!

Buy your books fast and straightforward online - at one of world's fastest growing online book stores! Environmentally sound due to Print-on-Demand technologies.

Buy your books online at
www.get-morebooks.com

Achetez vos livres en ligne, vite et bien, sur l'une des librairies en ligne les plus performantes au monde!
En protégeant nos ressources et notre environnement grâce à l'impression à la demande.

La librairie en ligne pour acheter plus vite
www.morebooks.fr

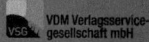

VDM Verlagsservicegesellschaft mbH
Heinrich-Böcking-Str. 6-8   Telefon: +49 681 3720 174   info@vdm-vsg.de
D - 66121 Saarbrücken   Telefax: +49 681 3720 1749 www.vdm-vsg.de

Printed by Books on Demand GmbH, Norderstedt / Germany